# VIVIENDO RADICALMENTE

## MÁS ALLÁ DEL ABUSO

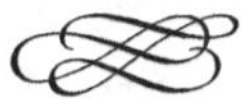

### DR. LISA COONEY

# ÍNDICE

# RECONOCIMIENTOS

Este libro es para *TI*, quien siempre prevalece.

Nunca es tarde para cambiar. Empieza ya en el ahora.

Puedes sentirte devastado, pero el yo que hay dentro de ti
NUNCA se quiebra.

Lo que necesitas es el cambio radical que sugiere este libro y
que cambiará tu perspectiva de cómo veías todo tu alrededor
hasta ahora.

Mi eterno agradecimiento y gratitud a todos los que han
recorrido este camino conmigo, cerca de mí, junto a mi o
lejos de mí
No importa a dónde llegues o cómo llegaste allí, lo más
importante es que has tomado la decisión y que sabes que lo
lograrás.
¡Nunca lo olvides!
Gracias.

# INTRODUCCIÓN

He dedicado mi vida durante más de 20 años a ayudar a otros a escapar de la "prisión del abuso" y a crear una vida de gozo y bienestar. He trabajado con miles de clientes que, con entusiasmo, hablan de los magníficos resultados que han logrado a través del tipo de facilitación que ofrezco, la que está balanceada con ímpetu, "sexual-ness" (la energía de recibir) y la vulnerabilidad.

En este libro, encontrarás una visión general de cómo superar un pasado abusivo y herramientas que te impulsarán más allá de todo lo que te ha detenido hasta ahora y así poder vivir tu vida al máximo.

Como psicoterapeuta calificada, pasé el inicio de mi carrera siguiendo el camino tradicional de pensamiento de cómo las personas podían sanar del trauma y experiencias de abuso. Y probablemente hubiese continuado por ese camino hasta ahora, si no fuese porque yo misma fui mi mejor alumna.

Todo lo que he aprendido, ha sido a través de un arduo camino y por experiencia propia.

Permítanme explicarles…

En las primeras dos décadas de mi vida fui muy infeliz. Al inicio, intentaba entumecer el dolor bebiendo, usando drogas o saliendo de fiesta y también sufría de sobrepeso y no cuidaba de mi cuerpo ni mi salud.

Una noche, casi muero por causa de mi mal comportamiento.

Yo crecí en un ambiente familiar muy violento, sufrí abusos sexuales, físicos y emocionales desde que era un bebé hasta cumplidos mis 20 años. Me sentía culpable, indefensa y aterrorizada, nada de lo que hacía podía ayudarme y la felicidad me era esquiva, fuera de mi alcance. Vivir como tal era una pesadilla, pues los abusos tenían el control sobre cada aspecto de mi vida, todo me funcionaba mal.

Nunca sentí que encajaba en ningún lado, lo único que me hacía feliz era el alcohol y huir de mi entorno, bebía o me drogaba con cualquier cosa que caía en mis manos para no tener que sentir nada. Me sentía desorientada y aturdida, pues esa parecía ser la mejor manera de lidiar con mi existencia.

Cuando entré a la universidad, caminaba por el campus con la mirada perdida y mis hombros encogidos. De repente un día, una profesora se acercó y me preguntó si me encontraba bien. Nadie, jamás me había hecho esa pregunta antes y entonces mis ojos seempezaron a llenar de lágrimas de inmediato.

Esta profesora me ayudó a descubrir que lo que yo había vivido hasta entonces se podía tratar, y me llenó de esperanza saber que podría trascender de todo aquello, y así poder crearme una vida nueva. A partir de allí, eso es lo que me he dedicado hasta ahora.

Hoy estoy viviendo una vida de ensueño más allá de lo que hubiesepodido imaginar: viajo por el mundo por trabajo y por placer, dando mis cursos de "Vivir radicalmente, más allá del abuso" y "Recibir la energíacorporal. Vivo en una casa preciosa que comparto con alguien que adoro, en un espacio de 25 acres de tierra hermosa, 20 caballos, 3 perros, y mucho más. Tengo relaciones sólidas con amigos y seres queridos, basadas en cooperación, entendimiento y apoyo, me siento animada, con energía y siempre yendo por más.

Sin importar cuáles han sido mis traumas o tragedias del pasado, siempre estoy atenta a tomar las decisiones correctas, aquellas que me alejen de aquel entorno. Me siento feliz, más feliz de lo que nunca había estado. Finalmente, me he "recibido" y sigo aprendiendo nuevas formas de seguir haciéndolo.

### EL ABUSO. NO CONOCE LÍMITES

El abuso, por naturaleza, es un concepto muy amplio que abarca un extenso territorio. Nos pasa por dentro y por fuera, se perpetúa por todos los rincones y grietas de nuestras entrañas, se manifiesta en la forma cómo piensas, te expresas, cuando haces algo o no haces nada. Se manifiesta en tus finanzas, en tu capacidad de ganar dinero y en el tipo de trabajos o empleos que eliges.

Se aparece en cualquier relación que tengas, desde el vecino de la esquina, los amigos por doquier, o la pareja con la que te comprometes o no te comprometes. Se manifiesta en tu salud, en la forma en que tu cuerpo se ve y funciona, en la comida que ingieres. Y así, la lista es inmensa y continua.

No importa en dónde encaje tu propia experiencia en el gran espectro del abuso, lo importante es reconocer y encarar esas experiencias. Tal vez experimentaste abusos durante tu infancia, semejantes al trauma y horror que yo viví, o tal vez tus padres se divorciaron cuando eras pequeño y nunca más volviste a ver a tu papá (o mamá). Quizás en tu casa peleaban por dinero y por ello hoy luchas para que el tuyo te alcance hasta final de mes. No importa cuán grande, grave y dolorosa haya sido tu experiencia de abuso. Aquí cualquier tipo de experiencia y dolor es bienvenido.

*Porque vivimos en un universo de inclusión...*

**HUYENDO HACIA LA LIBERTAD**

*¿Cómo sería vivir más allá, lejos de tu experiencia actual?*

*¿Qué sueños guardas en tu corazón? ¿Qué te dice esa vocecita que escuchas en tu conciencia?*

No todos los que acuden a mis consultas llegan con la claridad de lo que anhelan conscientemente. Años de negación, prejuicio y abuso cobran un alto precio y hacen mucho daño en nuestras vidas. Ya después de allí, lo que te queda es un pedazo diminuto que apenas sobrevive en ti.

Este libro va a mostrarte como escapar de algo que yo llamo "la jaulainvisible del abuso."

Te mostrará nuevas ideas de lo que se puede lograr y tambiénconceptos que podrás aplicar sin importar en qué situación te encuentres. No importa si tienes historial de abuso o no, estos principios y consejos pueden funcionar para cualquiera ante cualquier situación. Ahora bien, si has vivido experiencias de abuso, pues estos representan un modelo de salvación y sanación para ti.

Nota: Si algunos de estos conceptos y/o lenguaje que uso te sondesconocidos, pues eso es muy Bueno. No, no son errores de impresión, sino una forma específica de decir algo que está enraizado con ciertas modalidades que yo utilizo. Porque, aunque soy una psicoterapeuta autorizada, también he sido entrenada y certificada en muchas otras disciplinas de terapias de sanación alternativas, así que a veces mi elección de palabras y otro vocabulario proviene de ahí. Para más información, puedes visitar mi sitio web **www.DrLisaCooney.com** .

Te puedo garantizar:

Si pones en práctica todo el material que lees aquí, *lograrás* liberarte de lo que sea que te esté deteniendo o previniéndote de escoger el entorno en el que te gustaría estar.

Este viaje te llevará hacia la dirección correcta y se define como un estado de *aprender a vivir radicalmente.* Y ya mismo lo estaré compartiendo contigo.

¡Empecemos!

*Dra. Lisa Cooney*

# TESTIMONIOS

La Dra. Lisa Cooney es una excelente entrenadora. Llega directo al punto de lo que está ocurriendo y camina junto a ti durante todo el proceso, brindándote el máximo apoyo. Ella descubre la luz de lo que escondes en ese hueco profundo del cual no sabes cómo salir. Mi vida ha cambiado radicalmente y ahora tengo una nueva consciencia sobre las razones por las cuales hago lo que hago por mí y por las personas que me son importantes. Ella me da las herramientas necesarias para cambiar, aún en los traumas más profundos y obscuros de mi vida. Me ha ayudado a descubrir mi hermoso y verdadero Yo. AHORA PUEDO ELEGIR LIBREMENTE para poder vivir ¡tan libre como yo quiera!

¡Recomiendo altamente a la Dra. Lisa Cooney como entrenadora de las *Clases Corporales* y también la de *Vivir radicalmente*!

Muchas cosas han cambiado en mi vida desde la primera vez que escuché a la Dra. Lisa Cooney hablar acerca de crear en el estado de *vivir radicalmente, más allá del abuso*. Sin haber experimentado en el pasado historial de abuso, me he sorprendido de cuanto su sabiduría puede cambiar cualquier aspecto de tu vida. Mi relación con mi cuerpo es diferente ahora, siento más confianza y siento más conexión que nunca. Mis relaciones sociales son más fáciles y llevaderas, estoy interactuando con otras personas haciendo negocios, lo cual antes me era muy difícil y siempre evadía. Y lo más importante, estoy haciendo elecciones en base a mi bienestar y planeando una vida que me funcione mejor. Estas son apenas algunas de las fórmulas que me ha ensenado ese estado de *vivir radicalmente*. ¡Mejor imposible!

Mi experiencia con la Dra. Lisa es lo mejor que me ha pasado, mi vida ha cambiado de una forma que jamás había soñado, me ha ayudado a dejar atrás mis tiempos de sentirme como una víctima. Durante todo el proceso, me he sentido y vuelto más segura y he recuperado mi salud en todos los aspectos tanto físico, como mental, emocional y espiritual. Fui capaz de abandonar un trabajo que odiaba, dupliqué mis ingresos y establecí un negocio nuevo. He perdido peso, más de 100 libras y ahora tengo una relación sana con una parejaamorosa y estable. Gracias, gracias, gracias.

La Dra. Lisa es una sanadora poderosa y comprometida, capaz dedetener y transformar cada bloqueo que se te presente. Ella te crea un ambiente de confianza y seguridad absoluta, permitiendo que los miedos más profundos, los bloqueos y las creencias obsoletas, salgan a la superficie y así puedan sanar. Es un regalo maravilloso poder trabajar con una de las sanadoras más poderosas del mundo.

¡Lisa es la MEJOR! Como campeón mundial y medallista de oro, recomiendo el trabajo innovador que ella realiza acerca del empoderamiento individual y la sanación.

¡SÍ QUE FUNCIONA!

*Este libro está dedicado a ti, tú, mi lector. Gracias por elegirte una nueva posibilidad, gracias por elegir liberarte de tu pasado, gracias por reconocer que sin importar cuál haya sido tu tragedia, trauma o limitación, bien sea en el presente o en el pasado, tú eres un creador de inmensurable magnitud, poderosa e infinita y siempre tendrás la capacidad de elegir más allá de las circunstancias que se te presenten. Si tú y yo tenemos algo en común, puede que en algún momento o en muchos te hayas sentido atrapado en depresión, enfermedades, carencias y soledad. Pues yo he descubierto que las herramientas y palabras presentadas en este libro me ayudaron profundamente a reclamar y recuperar la mejor versión de mí. Aquí he intentado exponerlo de una forma simple y rápida y espero que tú, al igual que yo, también las encuentres útiles.*

*Sé que cuando te ha tocado vivir y experimentar traumas y abusos, las cosas no resultan tan simples y lo que siempre predomina y triunfa es el sufrimiento. Yo te deseo que encuentres paz y consuelo, sabiendo que mientras no te des por vencido y nunca cedas ni renuncies, estás palabras te pueden funcionar a ti también.*

*Deseo que consigas toda la inspiración que necesitas y transformes tu vida de dolor hacia una en donde Vivas radicalmente, más allá del abuso.*

*Recuerda siempre:*

*Elígete.*

*Comprométete.*

*Colabora con el universo que conspira para bendecirte y para crear*

*CONTIGO.*

# SALIENDO DE LA JAULA
# INVISIBLE DE ABUSOS

*Seguir adelante es fácil. Lo que se va dejando atrás, es lo difícil.*

— DAVE MUSTAINE

odo comenzó con la pregunta: "¿Me podrías hablar más de los abusos que sufriste en tu infancia?"

Y de pronto arremetió un largo silencio después de que mi editora me hiciera esa pregunta. Ella se encontraba revisando el primer borrador de mi libro, "Creando después del abuso" (por sus siglas en inglés: *Creating after Abuse*), pues le interesaba conocer más detalles de mis experiencias traumáticas de abusos. Yo le pedí que me diera un momento para intentar recordarlo todo y después de unos largos ocho minutos, comencé a enlistarle todos los detalles.

Justo durante esos ocho minutos, me di cuenta como me sentía ahora con mi cuerpo y quedé maravillada al descubrir que esas dos décadas de abuso físico, sexual, emocional, financiero, espiritual y psicológico ya no habitaban en mi cuerpo, a pesar de que todavía podía recordar todo lo difícil y doloroso que fueron esas experiencias.

Mientras compartía los detalles, me sentía como si estuviera contando la historia de un cliente, o de un amigo y no la mía y no es que trate de disociar o desconectar; más bien, me daba cuenta de que empezaba a crear una nueva versión de mí, que iba más allá de mis historias de abuso. Me emocioné al darme cuenta cuán lejos he llegado en mi travesía de destronar mi historial de abuso.

Algo que me ayudó considerablemente en todo esto fue la lectura de libros de auto ayuda, así como este que estás leyendo ahora. Yo marcaba y subrayaba frases hasta que las palabras se saltaban de las páginas y entraban en mis entrañas, me ofrecían una ligera expectativa de una realidad distinta, pues saber que otros comprendían lo que yo estaba experimentando, me daba cierta esperanza.

Y ahí descubrí que, ciertamente, yo no estaba sola.

También intenté distraerme con otras actividades, como, por ejemplo, practicando senderismo, meditación, natación, ciclismo; todo ello con el firme propósito de sacar esos traumas dentro de mí. Busqué ayuda profesional, e inclusive completé una maestría y un doctorado en Psicología. Me sentía con el compromiso de educarme en la rama clínica, energética y psico-lógica, enfocada en encontrar la manera de salir y acabar con esos traumas.

Mientras realizaba talleres y liberaba a otros de sus traumas de abuso, fue cuando finalmente me liberé a mí misma, y desde entonces no he parado, mi compromiso sigue intacto, ayudando a erradicar y eliminar el abuso acaecido en este planeta en todas sus formas, a través del movimiento "Live your ROAR" (Vive tu "ROAR", por sus siglas en inglés).

## MÁS ALLÁ DEL ABUSO: UN NUEVO PARADIGMA DE SANACIÓN

Quizás ya hayas experimentado algún tipo de abuso, ya sea en losexual, físico, espiritual, financiero o emocional. Te pudo haber sucedido tan solo una vez o en una serie de eventos recurrentes. Tal vez, hayas invertido y gastado muchísimo tiempo y energía en sanarlos, pero aún no hayas visto los resultados que deseabas. Pero eso es normal. Desafortunadamente, he ido descubriendo que muchas de las herramientas y prácticas que se usan y han seguido usando antes de este enfoque que ahora uso, se basan enrepararnos y definirnos a través de nuestro propio historial de abuso.

Yo no comparto la creencia de que debemos repararnos o arreglarnos primero para poder ser libres. Cuando adoptamos este modelo, asumimos y aceptamos que hay algo erróneo en nosotros mismos y buscamos soluciones externas para intentar arreglar nuestros problemas. Esto se convierte en un círculo vicioso, en un callejón sin salida del cual nunca terminamos ni salimos airosos, porque nunca nos sentimos "ni "curados" ni "completos". Mas bien, continúas dando vueltas, preguntándote si algún día todo vaya a terminar y esperando a que finalmente vayas a sanar. La verdadera sanación sucede por etapas, como en capas que se van adentrando específicamente en lo que está bien en ti y esa es la punta de lanza para lograr el empoderamiento y escapar más allá del abuso.

Este capítulo forma parte de un fragmento de mi próximo libro, *"Creando después del abuso"*, y describe un nuevo modo de sanar y escapar de las historias de abuso. Vas a descubrir que no necesitas arreglar nada, ni serdefinido ni señalado por tu historial de abuso y también descubrirás cómo elegir correctamente para terminar de una vez por todas con la perpetración y nunca más permitir que estos flagelos dominen tu vida.

## LA JAULA INVISIBLE DEL ABUSO

Yo pasé mucho tiempo de mi vida atrapada en una jaula invisible.

Y digo invisible porque vivía ahí dentro como prisionera silenciosa, pero ni siquiera era consciente de que existía. Me tomó décadas ponerle un nombre, y más aún, describirla en palabras que pudiera compartir con los demás. Cada vez que me refiero a la jaula invisible con alguien que ha experimentado abusos, transmite una mirada como si le sonara de lo que hablo, a veces de alivio, a veces de duda y a lo mejor tú, leyendo este libro ahora, estés experimentando una situación parecida.

Esa jaula te bloquea y te hace creer que tú no eres una buena persona, es decir, te percibes a ti mismo como malo o incorrecto, por el simple hecho de que has experimentado algún tipo de abuso. Este "ser malo o incorrecto" se convierte en un filtro a través por el cual lo experimentas ypercibes como tu propia realidad. Y el resultado es que tu vida funciona desde la perpetración y eso te mantiene encarcelado.

Tu jaula es como un fantasma que te susurra constantemente al oído, siempre murmurando cuando tienes problemas y aun cuando todo parece estar bien, siempre está allí fastidiando, de hecho, hace aún más ruido, pues procura mantenerte siempre allí aislado y preso. Vivir en los límites de tu jaula te mantiene en un lugar que te es familiar, sientes una extraña comodidad ahí dentro, aun cuando deseas con ansias salir y vivir muy lejos de ella.

Los elementos que caracterizan una jaula son carencias, limitaciones y mentiras que te mantienen lejos de la libertad, del placer y de un sinfín de posibilidades.

Vivir dentro de esa jaula es vivir sin voz. Tal vez seas capaz de hablar y funcionar, pero hay una parte de ti que permanece aislada, silenciada y alejada de la realidad, una parte de ti entumecida y muerta en vida.

Ese dolor de vivir dentro de una jaula puede ser tan grande, que procuras escapar y evadir, al igual que te aturde o entumece para así evitar el dolor. Te ocurre con frecuencia todo el día como si te pasara factura. También tiendes a comer en exceso, bebes alcohol, tomas drogas o medicamentos como para profundizar más la vía de escape. Te formas como una coraza para evitar ver quién eres realmente.

Te preguntas porqué te saboteas, cuando en realidad lo que estás haciendo es funcionar a través de lo que te impone la jaula que es: enfrentar la vida y decir "no", desde un lugar de contracción y límites, en lugar de abrazar la vida y decir "sí", desde un lugar de expansión. Dentro de la jaula, continúas reaccionando desde los patrones de tus experiencias de abusos pasados y esto mantiene tus traumas vivos.

También puede que hayas experimentado estando dentro de tu jaula, que esta resuena y retumba en otros aspectos de tu vida. Cuando filtras tu mundo a través de los lentes del abuso es como si lo atrajeras más, y te lleva más hacia el sentimiento de culpa. Esas frases como "tú creas tu propia realidad", no ayudan. Cuando el patrón del abuso se perpetúa continuamente y no hay cómo detenerlo, aumenta el sentimiento de que algo no está funcionando bien en ti.

Algo que sucede frecuentemente dentro de esas jaulas es, que como los patrones de abuso nublan nuestra realidad, esta se percibe y retuerce hacia un tipo de locura moderada, donde lo que parece ser cierto puede ser falso y viceversa. Por ejemplo, confiamos en personas que no deberíamos y no confiamos en las que deberíamos. De pronto llegan personas a nuestras vidas que representan todas las cosas que hemos querido generar y manifestar, pero sin darnos cuenta alejamos a estas personas, porque relacionarnos con ellas, significa salirnos de la jaula y eso, nos hace sentir incómodos.

Si te has sentido atrapado en esa jaula invisible de abuso, probablemente has dado por sentado que es tu única opción.

Para la mayoría de las personas con las que he trabajado, les cuesta creer que pueden elegir otra vida. Nos han vendido el mito de que por el hecho de que hemos vivido esas experiencias, entonces nuestras vidas estarán plagadas de sufrimiento. Y, lamentablemente, para colmo de males, hasta ahora tu vida te ha demostrado con suficiente evidencia de que eso es lo que sucede con frecuencia.

Pero aquí te digo que vivir en una jaula invisible de abusos como unprisionero silencioso no es tu única opción.

## RECONCÍLIATE CON TU JAULA DE ABUSOS

Mientras he estado apoyando a muchísimas personas alrededor del mundo a superar sus traumas de abuso, he descubierto que no necesariamente podemos salir de esa jaula a través de una solución instantánea y rápida. Lo primero que debemos hacer es ser conscientes de ella, aceptándola y reconociéndola.

En este preciso instante puedes estar despertando por vez primera, aceptando y entendiendo de que esa jaula realmente existe. Cuando las personas lo descubren de repente dicen: "Sí, eso es", al igual que cuando me oyen hablar de ella con ese nombre específico cuando nunca se le había puesto un nombre.

Es como si siempre hubiese existido un elefante defecando en tu sala y todos silenciosamente caminan encima de porquería sin decir nada. Ahora ya no lo ignoramos porque apesta y no nos queda más remedio que lidiar con eso.

Cuando aceptas tu jaula, reconoces que has estado encerrado en ella. Es decir, tu jaula había sido realmente tu más firme aliado en tu sanación; *te protegió durante un tiempo en que necesitabas resguardo.*

Lo hermoso de este proceso es que cuando la reconoces y la aceptas, te llega una tranquilidad y te abres a la posibilidad de estar en comunión con tu dolor. Esta es la única manera posible de disolver los barrotes de la jaula que te atrapa y traspasar hacia tu verdadera libertad y gozo y así abrirte a un maravilloso mundo de posibilidades.

Para que puedas salir de esa jaula, tú no tienes que necesariamente'regresar' a ella. Y aquí es donde mi planteamiento difiere radicalmente de lo que tal vez hayas experimentado en otro tipo de terapias. Mas bien, debes aprender a elegir correctamente otro tipo de acciones que no se perpetúen dentro del flagelo del abuso. Debes descubrir cómo conectar contigo mismo, más allá de la locura que ha creado tu jaula. Y así eliges vivir sin convertir todo lo que te ha sucedido en lo que define tu vida. Y de aquí es probable que tu realidad cambie cuando te des cuenta de cómo la jaula invisible ha perpetrado tu vida.

## ALEJÁNDONOS DE LA JAULA DEL ABUSO

La cruel realidad acerca de las experiencias de abuso es que estas te sucedieron hace mucho tiempo y, sin embargo, tú sigues comportándote de la misma manera de como el abusador o la causa abusadora se comportó contigo.

¿Y por qué haces esto?

Pues porque la jaula invisible del abuso te mantiene prisionero con la creencia que tú te encuentras mal o no eres buena persona; que no mereces una vida plena y en su lugar necesitas hacer lo que otros piensan que debes hacer, o lo que se supone debes hacer (justo como ocurrió durante tu experiencia de abuso: hiciste lo que te dijeron sin importar las consecuencias de lo que te estaba pasando).

Cuando te reconcilias con tu jaula, detienes la guerra que tienes contra ti mismo y aquí es donde empieza tu capacidad de elegir, comprometiéndote con tu vida misma.

¿A qué se parece esto?

El comprometerte con tu vida implica la libertad que tienes para elegir sin importar lo que pase a tu alrededor. Es no ceder ni rendirse nunca (te lo dice mi herencia irlandesa). Quiero aclarar que no se trata de *empujar, forzar, excluir o pelear.* Esta vez, ya no tienes que probarte nada ni pelear para tener una vida plena y digna.

Simplemente, la eliges y ya. Y este compromiso con la vida no debe representar carga alguna, más bien debes sentirlo ligero, porque cuando eliges a tu favor, se convierte en un acto de sencillez, ligereza, gozo interior y plenitud. Representa el mayor acto de bondad de tu parte que quizás nunca lo habías experimentado antes.

Pero tal vez puedas encontrarte con un enorme obstáculo cuando hagas la elección de comprometerte con tu vida...

En mi travesía, he guiado a miles de personas a sobreponerse deexperiencias de abuso sexual y uno de los retos más grandes que batallanestas personas, es el dejar atrás y deshacerse de sus historias de abuso. Es precisamente el papel de víctima lo que los aleja a comprometerse, seencuentran atados a sus historias pasadas y no pueden visualizar una vida más allá. Yo lo he vivido y sé lo que se siente. Pero no te preocupes, esto sólo es una "fase" en tu ruta de liberarte de tu jaula y encaminarte hacia un estado de sentirte *radicalmente vivo.*

Cuando te aferras a tus historias pasadas, te sientes preso en tu papel de "víctima", sientes que "la vida te sucede así", siendo víctima de lascircunstancias y que sin importar lo que intentes hacer, te sentirás jodido de todos modos y dirás: "ya qué importa". Y he aquí cuando el abuso se convierte en la gran excusa para no enfrentarte a tus demonios.

Sin embargo, existe otra posibilidad que me gustaría mostrarte.

Cuando empiezas a dejar atrás tus historias de abuso, obtienes ayuda para liberar esa angustia interna, y te vas desplazando hacia afuera de la "jaula del abuso" y de lo negativo que hay en ti, abriendo un espacio para algo nuevo:

Descubres lo "fenomenal" que hay en ti.

Y te conviertes en alguien *radicalmente vivo*, que es un estado del ser donde el abuso no controla más tu vida y te va generando y creando una nueva, yendo mucho más allá de lo que hubieses planeado o imaginado.

En el próximo capítulo, vas a aprender aun más de esto y cómoimpacta en tu habilidad natural para el proceso creativo.

# LA CREATIVIDAD COMO EL ESPACIO DE LAS POSIBILIDADES

*Yo habito en la posibilidad.*

— *EMILY DICKINSON*

El abuso es uno de los obstáculos más grandes para lograr con eficiencia el proceso creativo.

De hecho, el problema no es el abuso en sí, porque en la mayoría de los casos cuando mis clientes han venido a verme, ya ellos han pasado por sus episodios de abuso, que sucedieron como incidentes aislados, o en experiencias múltiples a través del tiempo.

Sea como fuere, el sentimiento que las personas describen en general es "estancamiento", como si estuviesen atrapados en una jaula invisible, una clase de fuerza destructiva que les impide ser creativos con su vida.

De manera que, *la jaula del abuso* es uno de los obstáculos más grandes que nos impide desarrollar nuestro ser creativo, pues se perpetúa en los flagelos de la destrucción, el abandono, la separación y el aislamiento, y cuando te encuentras atrapado allí, estás en un estado permanente de degradación y desapoderamiento.

## LA JAULA INVISIBLE DEL ABUSO

Cuando has experimentado abuso, es fácil quedarse atorado repitiendo los patrones que se muestran como limitaciones en tu salud, relaciones y bienestar material.

En esencia, tus capacidades generadoras y creativas para hacer lo que amas, se bloquean. Es como cuando tocas una canción en el tocadiscos y la aguja siempre se atora en las frases como *"no puedo"*, *"no sé qué hacer"* o *"algo anda mal"*.

¿Cómo puede arder la llama de la creatividad, cuando se siente una opresión sofocante? ¿Cómo conectas con la energía de la creatividad, cuando estás encerrado en una jaula invisible?

## LA DESTRUCCIÓN PREVALECE POR ENCIMA DE LA CREACIÓN

En lugar de ser creativo, eliges inconscientemente la energía de la destrucción y de manera sutil pero aun profunda, destruyes todo lo que desearías crear diferente en tu vida. Eso lo ves reflejado cuando terminas o destruyes relaciones, caes en quiebra financiera o acumulas deudas, y/o eres destructivo con tu cuerpo y jamás te das cuenta de que existe una posibilidad más allá, pues sientes que vas remando contra corriente, enfrentando sufrimientos, obstáculos y adversidades.

¿Por qué sucede esto?

Porque la desarmonía y el conflicto te son familiares y la armonía y la paz te son esquivos e inalcanzables.

La jaula invisible está cimentada en la mentira de que existe algo malo en ti. Se basa en la historia de que posees limitaciones y carencias y estos prejuicios que haces de ti mismo (y de otros también) están enfocados en destruirte y mantenerte achicado, te alejan de la posibilidad de crearte una vida donde te sientas *radicalmente vivo*.

Se que suena algo loco, lo sé. ¿Pero por qué alguien escogería destruir su vida en vez de crearla?

Todo lo que tienes que hacer es mirarte hacia adentro con detenimiento y estar dispuesto a ser completamente honesto ypreguntarte a ti mismo:

¿Has estado creando o destruyendo tu vida?

¿Has estado creando o destruyendo tus relaciones?

¿Has estado creando o destruyendo tu relación contigo mismo?

¿Has estado creando o destruyendo tu relación con el dinero? ¿Has estado creando o destruyendo tu relación con tu cuerpo?

## SÉ HONESTO CONTIGO MISMO

Como bien describí en la introducción de este libro, las primeras dosdécadas de mi vida estuvieron plagadas de abuso físico, sexual, emocional, mental y financiero. Provenía de muchos lugares: de mi familia, amigos de mi familia, mi iglesia, mi agencia de modelaje y de hasta los que se hacen llamar sanadores.

Cuando era niña, me dijeron una y otra vez que no era buena y siempre me creí esa mentira, la cual se llegó a convertir en mi jaula invisible donde viví.

A través de mi proceso de sanación, decidí usar mi propia experiencia de abuso como el principal catalizador en mi programa "Beyond Abuse Revolution" (*Revolución más allá del abuso*) y, posteriormente, el movimiento "Live Your ROAR." (Vive tu ROAR, por sus siglas en inglés). Pero, para lograr esto, primero tenía que ser honesta conmigo misma y darme cuenta de cómo todo ello me destruía, en lugar de fortalecer mi vida, mis relaciones, mi carrera, mis finanzas, mi cuerpo, mi salud y todo en mi en general.

Por ejemplo, nunca permití que alguien se acercara a mí, pues tenía el temor de que ellos vieran una supuesta maldad en mí y así saldrían corriendo o gritando, pues yo no podría crear otra cosa que no fuese destrucción, pues era mala y así nunca nadie me amaría.

También crecí creyendo que el lenguaje de crueldad era normal, y así lo usé en mis relaciones en mi vida adulta. Siempre creé conflictos en lugar de crear armonía, lo que resultó en un divorcio y un comportamiento desesperado e inadecuado.

Cuando cumplí los 20, descuidé las necesidades de mi cuerpo, sometiéndome a patrones destructivos tales como las drogas, sexo y gula. Tenía dinero, pero me sentía culpable de tenerlo y de que otros no, así que le pagaba a los demás en un intento de comprar su amor.

Estos comportamientos me atraparon en esa jaula invisible, repitiendo los patrones abusivos familiares desde mi infancia. Todo lo que hacía era destruirme a mí misma y a todo lo demás en mi vida.

## UN PUENTE MÁS ALLÁ DE ESA JAULA

Todo cambió cuando una profesora de la universidad se acercó a mí y me preguntó si me encontraba bien y fue esa conversación la que seconvirtió en un puente hacia un nuevo capítulo en mi vida. Ella me ayudó a ver que había otra manera de vivir más allá de repetir los patrones de abuso.

Me comprometí en encontrar un camino fuera de esa jaula que me mantenía atrapada en la destrucción y lejos de un camino lleno deplenitud y así me terminé convirtiendo en Doctora en Psicología y estudié varias modalidades de sanación.

Y así trabajando con terapeutas y sanadores simultáneamente, transité mi propio viaje de sanación mientras ayudaba a clientes,guiándolos en su viaje personal de sanación fuera de sus jaulas invisibles de abusos.

Ya han pasado más de dos décadas trabajando con miles de pacientes alrededor del mundo y hoy en día me siento sumamente conmovida y agradecida porque esos primeros años arraigados en tanto abuso, seconvirtieron en el principal catalizador y me ayudaron a enfrentar y a patear al abuso.

Estoy sumamente emocionada de poder compartir estas llaves quedescubrí para poder abrirte esa jaula, porque más allá de ella, aparece un puente y una manera de vivir cimentada en la energía de un mundo de posibilidades y de pura creación.

## BIENVENIDO A *VIVIR RADICALMENTE*

*Imagina que te levantas con alegría, feliz y agradecido de estar vivo yanimado viendo qué más acontece en tu día, que viene repleto de buenas decisiones basadas en tus deseos y que desde ellas todo es posible, pues tú eres un imán generador y creativo.*

*La gente ama estar a tu lado, pues cambias la energía de todo lo que te rodea, tan solo por ser genuino y auténtico.*

*Tus relaciones se basan en comunión y armonía, son divertidas, agradables y afectuosas. Tu cuerpo se encuentra sano, vibrante y con buena energía. Hay un brillo especial en ti.*

*Tu negocio crece y tus colaboradores te apoyan en todos tus proyectos, cada día se abren nuevas posibilidades de recibir dinero y apoyo.*

*La vida es toda una Aventura, la alegría, las risas y el bienestar te invade y te asombras de sentir tal estado de plenitud.*

*La gente te pregunta que has hecho para cambiar y tú orgulloso le responses "He elegido por mí y por mi felicidad, creando lo que sabía que era posible."*

Suena inspirador, ¿no?

*Pues créete que esta es la vida que te está esperando para que la elijas.*

. . .

Permíteme mostrarte las *4 C* (por sus siglas en inglés) para que puedas liberarte de la jaula del abuso, cruces el puente y experimentes el estado de sentirte *radicalmente vivo*.

Aquí están las *4 C*: Elegir, Comprometerse, Colaborar y Crear.

Estas son las cuatro llaves que te van a liberar de las mentiras y de las limitaciones que alguna vez creíste y también del ciclo destructivo que seperpetuó en tus experiencias de abuso.

*Elige por ti primero.*

¿Qué significa elegir por ti?

¿Sabes lo que es estar en una relación y tú eres la única persona que aportas, pero el otro no aporta nada? Pues ese es un claro ejemplo de no darte tu puesto. Cuando tú cedes por otros a expensas de ti, no te das la importancia que mereces. Y esto es justamente lo que sucede en las historias de abuso: tus deseos y necesidades se vuelve irrelevantes y pasan a un segundo plano. Cuando escoges por ti, tus necesidades y deseos son relevantes e importantes, se vuelven prioridades y allí es cuando comienzas a crear una vida diferente. Cuando te eliges, eres generoso y los demás pueden contar contigo, pero no a tus expensas, más bien, incluyéndote y siendo parte de todos los planes y buenas relaciones.


¿Qué cambia cuando eliges por ti?

*Comprométete contigo mismo*

Cuando tomas la decisión de comprometerte, es para nunca ceder, nunca renunciar y nunca dejar que nadie ni nada te detenga. Sellas un compromiso contigo mismo, el de elegirte a ti para siempre.

Es decir: no te rindas. Jamás.

La tenacidad con la que cuento ahora es la que me ayudó a

superar esas primeras dos décadas de mi vida y todas mis experiencias de abuso y proviene de ese sello de compromiso conmigo misma y una vez que me di cuenta de que estaba atrapada en esa jaula de abuso y que existía una vida fuera de ella, juré que más nunca iba a rendirme hasta liberarme y cruzar al otro lado del puente. También juré ayudar a los demás para que se liberaran de sus jaulas y para que tomasen la decisión de elegirse y comprometerse con sus propias vidas.

Al afianzar tu sello de compromiso, *te comprometes a ser tú mismo entodas tus relaciones*, no tienes que separarte de ti, ni de tu ser genuino para tratar de complacer o de adaptarte a los demás. Y la paradoja es que mientras más fuerte sea tu compromiso, más preparado estarás para lograr relaciones armoniosas y satisfactorias.

¿Qué puedes crear cuando te comprometes contigo mismo?

*Colabora y alinéate con el universo*

Se que dentro de esa jaula te sientes como remando contra corriente, enfrentando sufrimientos, obstáculos y tragedias. Te sientes como solo contra el mundo y que el mundo está contra ti.

Descuida, yo también me creí eso durante mucho tiempo, pensaba que todos estaban en mi contra y que me tenía que valer por mí misma.

Y todo era una cruel *mentira*.

Porque la realidad es que el Universo está conspirando para bendecirte y animarte a que tengas plenitud y éxito sin límites. Todo lo que tienes que hacer es colaborar con él, abriéndote el espacio para recibir la contribución y apoyo de todas las demás personas y/o posibilidades que *deseen* brindártelo.

Y eso es posible tan solo con manifestarlo.

Cuando estás dispuesto a manifestar y a recibir, descubrirás que hay muchos otros aspectos positivos de la vida a tu alcance.

. . .

¿Qué cambia si colaboras con el Universo?

*Crear una vida nueva*

Podrías iniciar una conversación con el Universo haciéndote las siguientes preguntas:

- *¿Qué te divierte?*
- *¿Qué te entusiasma?*
- *¿Qué tan diferente sería todo si le dieras prioridad a tu propia vida?*
- *¿Qué escogerías para ti cuando no estás al pendiente de los demás que, al parecer, son más importantes que tus prioridades?*

Cuando tienes conexión con lo que deseas y permites que eso sea tu prioridad, darás paso a crearte una vida expansiva e inspiradora. Serás tupropio creador, en vez de tu destructor. Así que dime, ¿Qué puede ser mejor?

## LA ENERGÍA DE LA CREATIVIDAD

Las 4 C te ayudarán a salir de la jaula y a cruzar el *puente* hasta que te sientas radicalmente vivo, poco a poco, paso a paso. Y así, en lugar de continuar destruyendo tu vida, eliges cambiarla y crear una nueva.

Comienza primero por cuestionar tu propia jaula y darte cuenta de que está hecha de mentiras y limitaciones que no pertenecen a tu propia verdad y debes estar dispuesto a soltar los viejos y típicos patrones del "no puedo", "no sé qué hacer "o "algo anda mal en mi", etc.

Y mientras cuestionas tu jaula y te preguntas qué se puede lograr,comienzas a transitar hasta cruzar ese puente hacia un mundo lleno de posibilidades. El deseo ferviente y las ganas de conocer algo más allá de esa jaula de abuso será el combustible que te llevará hacia adelante.

. . .

¿Y QUÉ PUEDES CREAR en este instante? ¡Elígelo y decrétalo! Permítete ese espacio.

En el siguiente capítulo aprenderás de una clase única de energía disponible para ayudarte a crear la vida que anhelas y mereces.

# CREANDO TU VIDA. "TODO EN SU LUGAR"

*"...Y yo diría que el mundo está lleno de cosas maravillosas que aún no he visto; nunca renuncies a la oportunidad de verlas".*

— *JK ROWLINGS (POST DE TWITTER)*

En mis prácticas como sanadora, indago en el reino de las consciencias con el objetivo de ayudar a las personas a cambiar sus vidas para que puedan vivir radicalmente. Como la mayoría de los pacientes que recibo traen consigo sus traumas de abuso, esta transformación se torna increíble, a la vez que dramática.

Si existe algún "secreto" en cuanto al éxito de haber podido lograr este gran paso, yo diría que ha sido el descubrimiento, aceptación y reconocimiento en la habilidad de enfrentar directamente tu energía y decirle: *¡lo estoy logrando! Pase lo que pase.*

Al elegir este espacio, percibes como una expansión y densidad evidente, es como esa bola poderosa dentro de una máquina de pinball, que, cuando le pegas hacia arriba, rebota con todos los obstáculos posibles, hasta que llega hasta allá arriba, donde están la intención y la capacidad de elección.

Esa energía de *¡lo estoy logrando!* te empuja hacia la idea de que sinimportar de donde vengas, sin importar cuál es tu historia, sin importar qué trauma, abuso o tragedia haya recaído en ti o tu familia, o cuáles relaciones no hayan funcionado, el dinero que ya no tienes o perdiste, o cualquier otro conflicto que estés lidiando, ninguno deestos flagelos te va a parar hasta obtener lo que realmente deseas.

Y aunque parezca una metáfora y te la pases rebotando de un lado a otro como en la máquina de pinball, dando dos pasos hacia adelante y otro hacia atrás, igual continúas adelante con tu vida siempre con la consciencia de que sin importar que sea aquello que pareciera no dejarte superarlo, pues eso ya no te sirve y no te va a detener hasta que logres el cambio y objetivo.

*¡Lo estoy logrando! Pase lo que pase.*

Al principio, te puede parecer un poco difícil y te mantiene atado a esa frase que te repite *"trabaja duro, juega duro"*, aunque no sea así en realidad, porque la energía del *¡lo estoy logrando!* es más bien simple y básica, pero requiere de una consciencia perseverante para seguir hacia adelante, sin importar losbloqueos que percibas y que aparentemente tratan de detenerte. Mas bien, es mejor pensar en, *"bueno, esto no funcionó"*, pues esa elección crea consciencia. *¡Lo estoy logrando! Pase lo que pase.*

Entonces: ¿cuál es el próximo paso?

Y vas y te diriges hacia allá.

### ¿Cuán lejos puedes llegar?

Una de mis pacientes una vez escuchó unos "susurros de consciencia" pues deseaba tener un bebé, a pesar de que su matrimonio de 10 años ya no estaba funcionando. A pesar de ello, igual deseaba tener su bebé, pero poralguna u otra razón, no quedaba embarazada y sufría por ello.

Ella trabajó conmigo intensamente pues su elección y determinación era escuchar los "susurros"; estaba decidida a tener un hijo sola, sin importar nada ni nadie y así comenzó a tomar las decisiones acertadas para crear la vida que deseaba y ello incluía divorciarse y tener un bebé por su cuenta.

Al principio encontró muchos obstáculos, los doctores especializados en fertilidad no querían colaborarle, pues el divorcio complicaba la situación y, al quedar embarazada, sufrió discriminación en su lugar de trabajo por ser madre soltera, aunque era un empleado calificado con buena posición.

Pero mientras su vida más se desmoronaba, más comprometida se sentía con el proceso, trabajaba arduamente para aclarar su consciencia.

Ella eligió con convicción: "voy a tener este niño, siento la energía de este espíritu conmigo y no me voy a dar por vencida, esta es mi elección."

¿Qué puedo hacer para que esto suceda y resulte de la mejor manera? Pues prestó atención a los "susurros de su consciencia" los del espíritu del bebé y logró quedar embarazada. Ella eligió utilizar las herramientas de la sanación energética y la energía del ¡lo estoy logrando! y ¡yo elijo por mí, cueste lo que cueste!

## DIRIGIR Y EXIGIR

Sin importar lo que no esté funcionando ahora, de algún modo se abrirá ese espacio, no importa que sea apenas un pequeño agujerito en donde tendrás que apretujarte para poder atravesarlo. Y esto no quiere decir que te vas a doblegar o aplastar, o algo similar que te aleje de tu verdadera esencia.

Por el contrario, te estás liberando de las obligaciones, contratos,genética, linaje, sistemas de creencias y condición física que te repite: "no es posible tenerlo todo, no se puede pedir todo lo que anhelas, no puedes crear tu vida de la manera que realmente deseas".

Cuando cruzas la línea hacia esa energía, las personas alrededor tuyo pueden sorprenderse, pues tienden a confundir lo que es exigirte a ti mismo con "ser exigente", especialmente si esas personas crecieron con padres o personas abusivas o "exigentes" y no entienden la diferencia. Exigirse es una declaración poderosa de ¡lo estoy logrando! Mientas que ser exigente puede resultar una forma de abuso. Ambos conceptos son muy diferentes.

La gran mayoría no creen o saben que son capaces de dirigir y exigir en sus vidas y desconocen que esto es un proceso simple, pues no se trata de que se esté viviendo siempre en modo "sala de esperas". Las personas esperan a que sean los demás los que tengan la voluntad de cambiar, de crear o de tener éxito, para tenerlos como referencia y admirarlos, pero debes admirarte a ti mismo primero y debes tener tú el éxito primero y eso debe ser tu prioridad. Cuando vives a la sombra de alguien, te conviertes en un parásito que chupa tu energía, en vez de generar y rebotar esa energía hacia ti, hacia tus negocios y relaciones. Eso es lo opuesto a ¡lo estoy logrando! Más bien suena como: ¡lo están logrando, yo después veo de qué me puedo beneficiar! Por supuesto que esto no contribuye en nada aimpulsar y transformar sus vidas, ni a ser el agente de cambio colaborando con los demás o con la madre tierra.

Esta complacencia con la que viven las personas las coloca en un estado de hastío, en un limbo perpetuo, esperando por "lo que sea" para cambiar. En el fondo desean algo diferente, pues se la pasan hablando de ello todo el tiempo, pero nunca llegan al nivel de cómo generarlo y crearlo. Sus pensamientos dan vueltas como un tigre persiguiendo su cola:

"¿Por qué me sigue pasando esto?" Todo es tan complicado, nada me funciona, no importa lo que haga y cómo lo haga. ¿Por qué todo es tan difícil? ¿Por qué funciona para otros, pero para mí no?"

Sus vidas están confinadas en un área muy limitada, la que

he descrito anteriormente, como una especie de jaula auto impuesta con barrotes poderosos que nos mantienen prisioneros.

Entonces, ¿cómo funciona la mentalidad de dirigir y exigir en diferentes situaciones? Bueno, por ejemplo, en tu lugar de trabajo enlugar de ser pasivo, debes tener un enfoque proactivo, implica exigir tu propio desarrollo profesional, establecer objetivos claros y crear oportunidades continuamente. Es reafirmar: "estoy siguiendo estecamino profesional y lo voy a lograr".

Esta mentalidad te empodera y te conduce hacia una carrera profesional más satisfactoria. En el contexto empresarial, se trata de representar una fuerza generadora y creativa en tu propio negocio, donde te desempeñes en un entorno activo y continuo hacia tu trayectoria y éxito. Entonces, debes reconocer la diferencia a cuando estás creando un negocio próspero y te beneficias de los esfuerzos de otra persona.

Pero ten cuidado en las relaciones; es esencial reconocer la diferenciaentre hacer valer tus necesidades a ser dominante. No se trata de dominar a los demás; más bien, se trata de expresar claramente tus deseos y expectativas. Una comunicación sana y abierta puede generar conexiones más satisfactorias. Por el contrario, un enfoque pasivo en las relaciones a menudo resulta en necesidades insatisfechas y deseos no expresados, lo que genera frustración, incertidumbre e insatisfacción. Y cuando se trata de enfrentar desafíos, tomar una ruta de dirigir y exigir significa reconocer estos desafíos como oportunidades de crecimiento y de buscar soluciones continuamente. Se trata de no darse por vencido ante la adversidad y darse cuenta de que el cambio se puede crear con intención, dedicación y esfuerzo.


## LIBERÁNDOTE A TI MISMO

La jaula del abuso está conformada por cuatro "barrotes", a los que yo llamo los *4 B* (por sus siglas en inglés). Los exploraremos más adelante en el capítulo seis, pero por ahora vamos a ver cuáles son:

- Disociación
- Negación
- Defensa
- Desconexión

En mi trabajo, yo ayudo a las personas a identificar esa jaula invisible que llevan por dentro, para que no solamente puedan abrirla y volar hacia su libertad, sino que también puedan cruzar el "puente" hasta sentirse *radicalmente vivos,* buscando la energía del *¡Lo esto logrando! Cueste lo que cueste.*

Si recuerdas el capítulo anterior, el estado de sentirse *radicalmente vivo* tiene cuatro componentes, las *4 C* que son:

- Eligiéndote a ti mismo
- Comprometiéndote contigo mismo
- Colaborando con el universo, sabiendo que conspira para bendecirte
- Creando y manifestando la vida que deseas

SI TE QUEDAS SENTADO ESPERANDO, no podrás elegir, estás dejando que tu puerta lateral se mantenga abierta para que siga funcionando como la máquina de pinball. Esto significa destrucción y desapoderamiento y es precisamente lo que te mantiene atado y encerrado en tu jaula de abuso.

## ES UNA ENERGÍA PODEROSA

*¡Lo quiero!* manifiesta una energía inmensa, es lo que se conoce como *ponoia.*

En su libro, *"Pronoia es el antídoto de la paranoia: cómo el mundo está conspirando para esparcirte sus bendiciones"*, de Rob Brezsny, la describe como "el antídoto de la paranoia. Pronoia quiere decir que el universo te es fiel y cercano. Se trata de un entrenamiento para tus sentidos eintelecto que nos hace percibir que la vida siempre te dará exactamente lo que deseas, cuando tú se lo exijas."

Puedes elegir convertirte en esa fuerza de la que nada ni nadie puededetener sin importar lo que pase. Sí, podrás salirte de control en ocasiones e ir de adelante hacia atrás como la máquina de pinball, pero en algún momento logras convertirte en el "campeón del pinball", enfocado y preciso, exigiéndote y eligiendo lo que deseas. Al principio, la situación te resulta complicada, te puede quebrar, echar para atrás, o te suena inalcanzable (y obvio te sentirás frustrado por ello), pero te imploro que lo recibas como una señal de que las cosas se están moviendo y funcionando y que el universo está conspirando para bendecirte y abrirte las puertas. Romper con esta tendencia es fundamental para abrirte al proceso de creación.

## MI EXPERIENCIA PERSONAL

Hace poco, mientras me preparaba para un tour de 6 semanas que surgió de la nada, aparecieron de repente algunos desajustes financieros. Mi reacción inmediata fue, *"no me puedo ir de viaje con este problema encima, necesito trabajar y pagar todo antes, no debería planear un viaje sin tener todos los gastos cubiertos".*

Obviamente, esta no era la voz del *¡lo quiero!*, la que me susurraba; más bien era la voz del: *"¿Ves? Te lo dije...no puedes hacerlo."* Es curioso que cuando intentamos dar un paso adelante, siempre intervienen los traumas o pensamientos pasados que bloquean el porvenir e impiden que nos convirtamos en nuestros grandes artífices, los creadores mágicos que somos realmente.

Y como si no fuera suficiente, mi relación sentimental también se desmoronaba, pues mi "otra mitad" decidió de repente terminarla sin avisar y por su cuenta. Yo tal vez hubiese actuado diferente teniendo la expectativa de que se pueden arreglar las cosas juntos, en vez de que intervenga uno solo y hubiese planteado, *"oye ¿qué podemos hacer para resolver esto juntos?"*

Entonces ¿qué puedes hacer cuando alguien elige por ti? Pues

eliges tú, y que esa decisión sea: *¡lo quiero! Cueste lo que cueste.*

Así que elegí irme por seis semanas, elegí dejar por completo esa relación, me elegí a mí misma y elegí aceptar que el universo conspirase para bendecirme y que el problema financiero que estaba enfrentando, después abriría otras puertas y que lo resolvería de la mejor manera posible y con el mínimo esfuerzo.

Y he aquí la poderosa certeza que sentí después de haber escuchado mis susurros y de haber tomado la decisión correcta, abrazada por las bendiciones del universo: todo salió mejor de lo que imaginé. Sí, por supuesto que hubo tropiezos en el camino y alguna angustia y preocupación, pero a pesar de ello, sentí la expansión continua que me acompañó durante todo el viaje. Me cambió para siempre y me ensenó a sellar y al solidificar el compromiso conmigo misma.


## ¡LO QUIERO, LO ELIJO Y ME ELIJO!

Cuando sientes esa energía, aparece esa magia poderosa de querer soltarlo todo. Y hay que estar dispuesto a perderlo todo para tenerlo todo. Se que parece una frase confusa y hasta negativa, pero si prestas mucha atención, te darás cuenta de que todo con lo que contabas antes, ya no lo querrás o necesitarás, porque de alguna manera no te estaban apoyando en nada.

. . .

Vamos a estar claros...

Si quieres sacar un "10", vas a tener que soltar ese "9" al que te has estado aferrando, a pesar de que, al principio, te resulte muy difícil. En mi caso particular, no tuve ningún inconveniente en soltar o cambiar nada de lo que mencioné anteriormente.

La dificultad en la que sí me atasqué, fue en "creer" que las cosas se tenían que ver de una cierta manera para yo encajar con esta realidad, hasta que hice las paces con el espíritu del cambio y elegí por y para mí y cumplí mi exigencia de *vivir radicalmente* en la energía del *¡Lo quiero! Cueste lo que cueste*. Sin importar a quien pierda, lo que pierda, quien me abandone, a quien yo abandone, nunca, nunca me voy a rendir.

Cuando la vida parece ir hasta el fondo, ahí podrás sentir y percibir la energía del cambio real que has estado demandando por tanto tiempo. Así es como yo sentí cuando mi vida se caía a pedazos, cuando se convertía en líquido y se esparcía por la tierra. Pero aún con todo ese desajuste emocional, sabía que nada ni nadie podía detener la energía del *¡Lo quiero!* Y si no hubiese sido por todo este proceso, yo no hubiese podido experimentar este cambio radical. Entonces lo mejor que se puede hacer es lidiar y enfrentarla, jugar con esa energía y maniobrarla como en la máquina de pinball hacia la expansión y la luz.

Pero muchas veces nos rendimos en el proceso, justo antes de que la magia llegue.

Pero, he aquí la clave...

¿Qué pasa si, efectivamente, todo se está desmoronando a la vez?

Con la energía del *¡lo quiero!* puede parecer que todo se esté desbaratando y cayendo a pedazos, pero ¿qué tal si todos esos pedazos se están desmoronando juntos?

Este es el momento clave donde puedes tomar una decisión pragmática y renunciar a lo que realmente demandas y deseas. O podríasdecir, *"no, espera, yo lo puedo hacer, esto es lo que quiero y yo estoy colaborando con el universo, eligiendo por mí, comprometiéndome conmigo y creando una vida que se está armando, pieza por pieza".*

Ya debes conocer y entender que el universo conspira para bendecirte siempre y cuando te exijas a ti mismo, aun cuando las apariencias muestren lo contrario. Si observas en la naturaleza, te darás cuenta de que este es el orden natural. ¿Qué pasa después de un incendio en los bosques? Pues comienza una nueva vida que respira y crece.

Siempre hay un punto de quiebre en el proceso creativo, que posteriormente te desplaza hacia un espacio expansivo de elección y de creación. Es algo muy similar a la práctica china del Feng Shui, donde conscientemente mueves cosas alrededor y reacomodas para crear un ambiente más armonioso y próspero, la energía del *¡lo quiero!*, que es el movimiento de tus moléculas para integrar en ti la demanda de sentirte *radicalmente vivo,* más allá de lo que has permitido hasta ese momento.

## SE TRATA DE ELEGIR, ES TU DECISIÓN

Esa fuerza generadora, esa energía del *¡lo quiero!* significa lo opuesto a quedarse esperando: esperar a que las cosas se "arreglen por sí solas", esperar por esa "señal" que nunca llega; esas solo son excusas que tecolocan en una posición de una espera prolongada e interminable.

Y yo te pregunto lo siguiente "¿no has esperado lo suficiente como para que ahora decidas demandar y exigir en tu vida? ¿Qué tal si tú mismo representas esa energía por la que tanto has estado esperando?"

¿Ahora te das cuenta de que tú puedes ser quien demanda y exija, aun cuando interactúes con otras personas? Eso es precisamente lo que he creado con mi equipo en las oficinas de *Live Your ROAR LLC.* Todos los participantes se han convertido en los catalizadores que transitan más allá del abuso para que logren vivir radicalmente. Aquí nadie trabaja bajo mi sombra, todos nos ayudamos y compenetramos y de sale la creación espontáneamente. Nosotros somo quienes demandamos y el universo nos bendice con nuestras exigencias y peticiones.

Si eres alguien que ya posee la energía del *¡lo quiero! cueste lo que cueste*, entonces al estar rodeado de personas "que están en la eterna espera", puede resultar incómodo y un obstáculo para ti. Por ejemplo, vamos a suponer que eres el propietario de un pequeño negocio y tienes un empleado que batalla con temas de cobranzas de dinero. Probablemente, tú no sabias esto almomento de contratarlo y por ello lo colocaste en ese departamento sin problemas. Pero, cuando lepreguntabas acerca del estatus de algunos pagos, sólo te decía excusas o mentiras: "sí, ya hablé con el cliente y me dijo que ya pagó", aun cuando el banco te informó que el pago fue rechazado. Intentas resolver, pero la situación vuelve a pasar sin parar. Lo que sucede es que como esta persona no atrae al dinero, inconscientemente también bloquea que el negocio reciba dinero y esto trae como consecuencia esa "sala de espera" que impide recibir las cobranzas y eso destruye negocios y relaciones.

Cuando se trata de recibir y/o cobrar dinero, eso exige un poder personal para poder elegir lo que deseas, más allá de lo que tengas. En otras palabras, exige la energía del *¡lo quiero! Cueste lo que cueste.*

Ser la energía generadora del *¡lo quiero!* representa un espacio sincontención, es ir hacia adelante sin freno y contra corriente, sin importar donde estés o dónde deseas estar, el proceso creativo será siempre el mismo y puedes estar seguro de que, cuando estás lo suficientemente cerca para saborearlo, de pronto todo lo demás comienza a hervir, implosiona o se derrumba.

Y es en ese preciso momento cuando tienes que soltar y meterte de lleno en la energía del *¡lo quiero!*, para que todo se desmorone y después se alinee con el universo y con tus decisiones. Esto conlleva a que, de ahora en adelante, todo sea en torno a ti y a tu voluntad, para que te abras al espacio de la grandeza de esta realidad que ha llegado para apoyarte y bendecirte. Sin embargo, puede que haya una trampa en todo esto. Tu voluntad para abrirte hacia este inmenso apoyo requiere de tu habilidad en estar dispuesto a recibir de forma plena, y es allí donde he encontrado que las personas que han sufrido abusos se resisten y encuentran más trancas.

Así que vamos a seguir y a descubrir qué hace falta para convertirse en un "amplio receptor".

# BONDAD: ESE RÍO CAUDALOSO QUE FLUYE DENTRO DE TI

*"La bondad perenne puede lograr mucho. Así como el sol hace que el hielo se derrita, la bondad hace que los malentendidos, la desconfianza y la hostilidad se evaporen."*

**— ALBERT SCHWEITZER**

Naciste para ser noble y bondadoso y no es algo que yo haya inventado.

De esto se habló en una entrevista del Scientific American llamada: *"Olvídate de la supervivencia del más apto: la bondad es lo que prevalece"*. La bondad ya está integrada en nuestro cerebro. No todos le sacamos provecho, pero está en nosotros como un regalo innato.

Mi objetivo en este capítulo es ayudarte a que tu luz brille de una forma que aún no has considerado ni entendido, pues la realidad es que la bondad va mucho más allá de un concepto bonito, o un modo de conducta para parecer "buena gente". Es más bien una fuerza, un poder que, como Albert Schweitzer bien mencionó, "causa que los malentendidos, ladesconfianza y la hostilidad se desvanezcan." Si has experimentados algún tipo de abuso en tu vida, vas a tener que descubrir a este amigo interno.

EN MI EXPERIENCIA PERSONAL, nunca conocí la bondad hasta cuando cumplí los 20s, justo después de que mi profesora de *violencia familiar* me mostró lo que significaba realmente, cuando se acercó a mí y me preguntó si me sentía bien. Ella se dio cuenta de inmediato de mi lenguaje corporal, marcado durante dos décadas por abusos, traumas y prejuicios, con los cuales había vivido mientras crecía. Mis hombros se elevaban casi hasta mis orejas, como forma inconsciente de protegerme de las fuertes golpizas que me daban física y verbalmente. También mostraba otra clase de conductas por causa del abuso sexual que sufrí cuando era niña y actuaba como modelo. Todos estos patrones se reflejaban en muchos niveles y aspectos, tanto en mi postura como en mi forma de caminar, así como en la manera de comunicarme conmigo misma y con los demás.

A este flagelo lo definiremos como alguien que es un "somático del trauma". Son esos modos de ser o conductas que se solidifican como parte de nuestra estructura física y energética y se integran y encierran en nuestraestructura celular y molecular. Suena fuerte, ¿no? Es como una fortaleza indestructible. Pero a pesar de que parezca una fortaleza, la buena noticia es que la bondad será la maquinaria para derribarla.

## EL PESO DE LOS PREJUICIOS

Aquí comento algo importante acerca de juzgar algo o alguien. Viene de ese "pecado del padre" del que tanto nos han hablado y repetido. Nos ha acompañado durante mucho, muchísimo tiempo, desde hace cientos y miles de años y nosotros lo hemos perfeccionado para que pareciese más bien como una "habilidad." Pero eso no es lo peor, juzgar está esparcido dentro de nuestra composición de ADN, lo heredamos al nacer, desde nuestro linaje generacional y desde la conciencia colectiva. Y así, ha ido trascendiendo de generación en generación, hasta que alguien viene y rompe el ciclo. Entonces ¿qué se necesita hacer para romper el ciclo?

Excelente pregunta...

Pero antes de responder, vamos a conocer los daños que pueden causar los prejuicios en tu vida si *no los rompes a tiempo*.

- Los prejuicios te alejan de tus convicciones y te mantienen cautivo en tu "jaula invisible", pues hace que vivas lleno de mentiras, separado de los demás y lejos del plan de vivir en bienestar.

- Juzgarse es una forma de constricción y limitación, un flagelo de auto destrucción que te hace sentir en modo *auto abuso* perenne. Es lo contrario a expandirse, te mantiene diminuto y batallando, en el rol de víctima y falto de poder, atrapado y adormecido. Como resultado, te limita y bloquea el proceso creativo, manteniendo el ciclo del abuso activo y en marcha.

- Cuando te juzgas a ti mismo, te conviertes en tu propio carcelero y te enganchas solamente en lo negativo, te rebota el patrón de decir y creer "lo malo" que eres y te repite que nunca serás capaz de ser más de lo que eres ahora. En fin, juzgar solidifica y repotencia más aun a tu jaula invisible del abuso.

- Cuando juzgas a otros, en realidad te estás desconectando, negando y disociando de lo que no estás dispuesto a ver en ti. Y yo a esto lo defino con las siguientes 4 D, que te separan y te aíslan, lo que es opuesto a la unicidad y al sentido de pertenencia.

- Juzgar es lo que yo defino como "recepción forzada" porque, en realidad, te estás forzando a ti mismo a recibir los prejuicios de los demás, especialmente en el tema de tus experiencias de abuso porque allí fuiste forzado a recibir lo que no querías. Como resultado, tiendes a desarrollar una actitud a la defensiva que se te convierten en unas púas filosas, como las de un puercoespín, que pueden repeler a las personas para que no se acerquen.

Los prejuicios te resisten a tu realidad, pero se vuelven como una coraza que ayuda a protegernos, los hemos visto, oído y aprendido desde niños y los asumimos como decisiones que se convierten posteriormente en hábitos de pensamiento, en los lentes a través de lo que vemos y vivimos como un piloto automático por el resto del vuelo. El problema es que, si los seguimos usando en nuestro día a día, cortamos cualquier posibilidad de lograr lo que realmente podemos o queremos ser, hacer o tener. Así que debemos aclarar, afrontar y transformar esos prejuicios para poder obtener una vida libre, sana y feliz. Y a esto me he dedicado gran parte de mi carrera en mis prácticas de sanación.

Y he aquí su nombre:

Le llamo Viviendo tu "ROAR" (por sus siglas en inglés), lo cual es vivir lleno de gozo y pleno de energía, es decir, aprendiendo a vivir una *realidad radical y orgásmica,*

¿Qué tal suena?

## TÚ ERES TU PROPIA Y ÚNICA POSIBILIDAD

Tu verdadera naturaleza está en: crear sin límites, recibir en abundancia y abrirte a la expansión. Pero cuando estás sentado detrás de un escritorio dentro de un cubículo, tal vez no puedasapreciarlo, porque la mejor manera de sentirlo y estar más consciente de ello, es salir y explorar la naturaleza con más frecuencia. Y mientras vas explorando y recorriendo, no tienes que hacer absolutamente nada, porque todo te irá llegando intuitivamente.

La conexión con la naturaleza es tan poderosa porque la tierra es el único lugar donde el prejuicio no puede residir ni permanecer y es un lugar donde puedes regresar siempre a soltar tus prejuicios y a sentir la paz y la energía de la expansión. Es realmente un acto de bondad regalarle tus prejuicios a la madre tierra, pues al abonar la tierra con el estiércol de tus prejuicios, estás sembrando y fertilizando un mundo de posibilidades para ti mismo y para los demás.

¿Cuáles son esas posibilidades?

Una vez que te liberas de la jaula del abuso que te mantiene en el rol de víctima, se te abre un mundo de posibilidades. Ahí afuera, en el espacio abierto y silvestre, te darás cuenta de que tienes otras opciones de cómo vivir y relacionarte contigo mismo y con los demás. Por ejemplo, en mi caso, cuando descubrí quien era mi verdadera yo, después de aquella chica apagada, deprimida y destruida, me di cuenta de que era amable, cordial, brillante, y hasta graciosa.

¿Y cómo visualizas ese mundo de posibilidades?

Mientras vas ejercitando nuevas elecciones, tu confianza en ti mismo crece. Los viejos patrones de abuso dejan de tener poder sobre ti y ahora tú tienes el control y el poder de elegir una vida nueva. Es decir,abandonas tu vida desde la destrucción y te abres hacia la elección.

Sé que esto puede parecer complicado pues probablemente, estés más ligado a tu historia de víctima, que a la posibilidad de deshacerte de ello. Observo esto constantemente en las personas que vienen a verme por primera vez. Tal vez te sientas víctima de las circunstancias, como me pasó a mi durante mucho tiempo, sintiendo que no existe nada que pudiese hacer para cambiarlo.

Pero todo eso es una mentira. Tan simple como eso.

## LA BONDAD COMO ENERGÍA GENERADORA Y REPARADORA

Es muy común que los niños que han sido abusados se crean que son malas personas o que haya algo negativo en ellos. Aquella conversación de ayuda en la universidad con mi profesora de Violencia Familiar fue lo que me hizo dar cuenta de lo que yo valía.

Esta profesora fue la primera persona que me preguntó si yo estaba bien, y este simple y genuino acto de bondad fue lo que me hizo dar cuenta de que, efectivamente, yo no me encontraba nada bien. Con su apoyo, comencé a visualizar que podía hacer algo para superar mis traumas, que podía ir más allá de sólo sobrevivir, e inclusive, algún día florecer. Fue como si me pasara la llave secreta para liberarme a mí misma de la jaula de mi propio abuso.

Comencé a ver los patrones destructivos que perpetuaban en mi comportamiento imprudente y me comprometí a aprender a elegir adecuadamente. Esto no lo logré sola, conseguí ayuda con apoyo profesional y conversaciones confidenciales, y así pude soltar mi historia de víctima en la que había vivido casi tres décadas.

Apenas lo dejé ir y solté, la jaula invisible comenzó a derrumbarse, ya no necesitaba los barrotes en los que había sucumbido para protegerme a mí misma. Poco a poco me di cuenta de que tenía otras opciones de cómo vivir y cómo relacionarme conmigo y con los demás. Y así todo comenzó con esesimple acto de bondad, que genuinamente causó "que se evaporaran los malentendidos, la desconfianza y la hostilidad."

Obviamente, no todos los actos de bondad van a lograr semejante hazaña, pues la bondad tiene muchas facetas, que van desde los actos más simples, como una sonrisa simple hasta las ayudas de socorros más impresionantes. Puede suceder de repente, de forma espontánea, o en respuesta inmediata a las necesidades de algo o alguien.

A decir verdad, tal vez esta premisa se sienta más genuina que cualquier otra porque como mencione al principio, la bondad ya está y vive en ti y no tienes que ir muy lejos para encontrarla, a pesar de que cuando estás encerrado en tus prejuicios, parece imposible de alcanzar. Así que, si te está costando trabajo ser bondadoso, comienza a buscar en tu entorno esos prejuicios punzantes que bloquean tu vista. Y una forma de lograr esto, es haciéndote las siguientes preguntas:

- *"¿Estoy juzgando o siendo bondadoso con respecto a?", relación con el dinero, relaciones personales, con tu aspecto corporal o algún otro aspecto.*
- *"¿Esto te hace expandirte o restringirte?"*
- *"¿Te sientes ligero o pesado?"*

Al aceptar tu compromiso y la bondad que hay en ti, para ti y para los demás, un nuevo espacio de energía plena y de consciencia se aparece, es un lugar de recibimiento vibrante, poderoso, sustancioso y completamente maravilloso.

La bondad abre paso a una vitalidad que sólo requiere cuatro aspectos que yo llamo las *4 D* (por sus siglas en inglés). Son las siguientes:

1. *Recibe y aprovecha lo que es verdadero para ti.*
2. *Evalúa lo que estás observando.*
3. *Expándete hacia una nueva posibilidad, consciencia y capacidad de bondad.*
4. *Personifica el cambio y la verdad que hay en ti.*

Aprender de bondad es como aprender un nuevo idioma. En mi caso, no era un lenguaje con el que estaba familiarizada, pues

NO fue la "primera" lengua que escuché ni hablé en mi hogar. Y eso me tomó muchísima práctica, no sólo aprenderlo sino hablarlo con fluidez. Y así como aprender un idioma te llena de una energía generadora y creadora, eso es exactamente lo que se necesita para crear una vida nueva, llena de energía en expansión.

Lo maravilloso de todo esto, es que soltando los prejuicios y el apego de protegerte a ti mismo y aplicando el poder de la bondad y gentileza, podrás disolver todas las formas de maltrato que has experimentado hasta ahora. Puedes cortar las púas para abrirte y recibir una vida abundante, para que te sientas como el regalo que eres para ti mismo y para el mundo. Descubrirás ese espacio sin barreras, siendo más vulnerable y ligero, a la vez que seguro y sagrado. Es aquí donde la energía de recibir fluye libre, ligera y caudalosa como un río colosal. Tan sólo necesitas elegirla, atravesarla y dejar que se revuelque en tu camino caudaloso, te pertenece simplemente porque la has elegido.

En el siguiente capítulo, hablaremos más de recibir y específicamente de 'dejarse seducir cuando recibes'.

# DÉJATE SEDUCIR POR EL DON DE RECIBIR, REGÁLALE A TU VIDA TU VERDADERO SER

*Y a partir de allí, me di cuenta de que esto es lo que quiero hacer, lo que se supone que deba hacer: dar energía y recibirla a través de los aplausos. Me encanta, es mi mundo, me fascina, lo disfruto y es mi vida entera.*

— *ERYKAH BADU*

Ya en esta fase comienzas a sentir que tu plan de vida debe ser mucho mejor de lo que has imaginado hasta ahora. Cueste lo que cueste,

Y tal vez tu "costo", sea superar décadas de traumas y aprender a vivir radicalmente. Si yo pude crear y lograr una vida plena, más allá de mis sueños, sé que tú también puedes hacerlo, y esto es válido para todos mis pacientes.

Si has sufrido experiencias de abuso o no, lo cierto es que, si llegaste a este libro, es porque en tu vida existe algún tipo de bloqueo en tu capacidad para recibir. La buena noticia es que la herramienta para destapar ese bloqueo está dentro de ti.

## ¿QUÉ SIGNIFICA RECIBIR?

Recibir es una acción que se lleva a cabo donde no existen barreras hacia nadie ni hacia nada, es un espacio de vulnerabilidad, de apertura y de unión. Recibir no tiene fronteras ni obligaciones, no es algo forzado ni que se exige, es tan solo abrirte a tu espacio, a tu energía y a tu consciencia.

Para ser tu energía, espacio y consciencia, tan sólo necesitas imaginar que eres tan grande como el universo y la tierra. En esa inmensidad, tú eres todo y nada al mismo tiempo, eres una parte de ese todo porque existe una comunión molecular que incluye la consciencia con todo, para todo y acerca de todo.

Esa energía que yo llamo 'recibir' te da un poder absoluto, elección absoluta, consciencia y fuerza absoluta desde la vulnerabilidad contenida dentro de la voluntad de ser tu versión más grande que pueda existir.

¿Cómo sería el mundo si todos viviéramos dentro de ese espacio deenergía?

Desafortunadamente, en el mundo que vivimos actualmente, la energía de recibir ha sido flageada por guerras, conflictos, abusos y todo tipo de horrores, y han sido los causantes de tanta destrucción, dolor y desesperanza.

Recibir es elegir más allá de la forma y estructura de esta realidad, es la energía de la aceptación total. recibir es el arma más poderosa con la que todos contamos para lograr abolir las formas de ser que están tandesactualizadas y pasadas de moda.

## ¿CÓMO FUNCIONA LA ENERGÍA DE RECIBIR?

Recibir es la energía pura que se necesita para vivir la vida plena que deseas, esa que tal vez estés bloqueando si has experimentado algún tipo de abuso.

¿Cómo saber si estás bloqueando la energía de recibir?

- Anhelas la comunión y armonía, pero te sientes atascado en relaciones que no te son satisfactorias.
- Deseas éxito en tu carrera, pero te has estancado y no logras tener mejores oportunidades, ni avanzar ni ganar más dinero.
- Quieres tener una vida sana, pero siempre aparecen quebrantos de salud.

En mi propio proceso de sanación, he descubierto que existe una correlación directa entre las experiencias de abuso y la tendencia de bloquear lo que recibes. Por ello, aquí comparto cinco pasos que pueden ayudarte con esos bloqueos:

## 5 PASOS PARA DESBLOQUEAR EL PROCESO DE RECIBIR ENERGÍA

*Paso 1: Reconoce a tu puercoespín invisible.*

¿Qué tan seguido te pones a la defensiva cuando alguien se te acerca? Yo le llamo "el puercoespín invisible", por las púas que levantamos cuando nos queremos proteger. Es una conducta que conozco muy bien, tanto en mí como en los pacientes con los que he trabajado en las últimas dos décadas.

¿Sabes de dónde provienen esas púas? De tus historias de abuso. Era aquel mundo donde nada era seguro y te crecieron esas púas como forma de protección. Ellas hicieron bien su trabajo en aquel momento; pero ahora, ya están caducas y pasadas de moda.

¿CUÁNTO ESTÁS ALEJANDO de tu vida con estas púas?

ASÍ COMO CUANDO esas púas te mantenían alejado de tu abusador, de la misma forma ellas ahora mantienen al amor, el dinero, los clientes y todo lo demás a una distancia "segura," y esa distancia bloquea tu don recibir porque siempre estás en estado alerta, esperando que algo malo te pase.

¿Es tiempo de actualizar tus configuraciones?

El primer paso para desbloquearte y recibir esa energía es reconocer que has sido un puercoespín invisible valiéndote de tus púas y defendiéndote las 24 horas, siempre a la defensiva y atacando todo el tiempo.

*Paso 2: Rompe con las historias que te impiden recibir.*

En tus experiencias de abusos, fuiste forzado a "recibir" lo que no deseabas recibir. Y entonces, te creaste una historia de que no es bueno ni seguro recibir de ninguna forma. ¿Recibir amor, dinero, salud? Pues no, ello puede representar algo negativo, a la vez que inalcanzable.

Para mí, recibir significaba recibir prejuicios, significaba hacer lo que mi mamá decía para que no me golpeara, significaba ser y vivir las realidades de otras personas en un deseo desesperado de obtener apoyo y cariño (que nunca tuve, excepto en forma de dinero, objetos y abusos).

¿Qué significa recibir para ti? ¿Qué historias te han contado acerca de recibir que te mantienen las púas afiladas? ¿Estás dispuesto a soltar esashistorias? ¿Qué es lo que has malinterpretado de recibir, que a tu parecersignifica defenderse?

*Paso 3: Reconocer que las púas lastiman por ambos lados.*

Así como las púas del puercoespín invisible apuntan hacia afuera y mantienen todo (amor, dinero, salud, etc.) a una distancia "segura", también están por dentro y evitan que vayas hacia adelante en tu propia vida.

En algún momento, hace ya algún tiempo, aprendiste que no era "seguro" mostrarte, y en un intento de escapar de los abusos, o de contarle a alguien al respecto, tal vez te hizo desconectarte o desasociarte. Es decir, te alejaste de tu verdadera esencia intentando mantenerte a salvo.

Y así te has mantenido lastimándote con tus propias púas a través de los prejuicios e historias que te repiten de que no es seguro que nos puedan ver o escuchar.

¿Y sabes que es lo más doloroso de todo esto? Que estás viviendo tu vida a una distancia "segura", pero nunca recibiendo completamente la belleza y el potencial de tu propio ser. Es decir, estás bloqueando tu don de recibir.

Tal vez tengas poco conocimiento de quién eres realmente, porque esas púas te han camuflajeado y nunca han permitido que tu verdadero Yo surja. Y esa es la verdadera tragedia, la de desasociarnos y divorciarnos de nosotros mismos.

Así como se muestra en los pasos 1 y 2, tienes que reconocer que esas púas también te lastiman, al igual que las falsas historias que has fabricado acerca de lo que significa dar la cara en tu vida. Y eso se hace mediante el perdón y la aceptación, que son las claves para que des este gran paso.

Perdonar y aceptarte a ti mismo tal y como eres, es el más grande acto de bondad que puedes recibir.

*Paso 4: Desata el recibimiento forzado*

Tal como mencionamos en el paso 2, en tus experiencias de abuso fuiste forzado a "recibir" lo que no deseabas. A esto se le conoce como "recibirforzadamente".

¿Cómo impactan tus experiencias pasadas la manera en que hoy das a los demás? ¿Te has librado de recibir forzadamente o te mantienes repitiendo el ciclo? El recibir forzadamente te prepara para que te rechacen una y otra vez y es lo que te mantiene alejado del verdadero bienestar en cada aspecto de tu vida.

¿Cómo saber si estás atrapado en el ciclo de "recibir forzadamente"?

Cuando le impones algo a los demás, como por ejemplo: "Ten, come esto" "Haz esto" "Toma esto." Le impones a ellos basado en tus criterios, en lugar de dejar que ellos decidan bajo su criterio. Te sientes superior a los demás, pero no estás al tanto de la situación. Sólo porque puedas ayudar a otros, nosignifica que sea lo que ellos quieran realmente. Forzar a alguien a recibir lo que tú creas que es mejor para ellos, denota que tienes aires de superioridad y eso hace sentir a los demás inferiores, representa una falta de respeto hacia ellos.

Así que deja de forzar tu voluntad en los demás, permíteles que sean quienes son y recíbelos por lo que son, sin ningún prejuicio ni criterio. La curiosidad genuina por el otro te ayudará a crear relaciones desde el don de recibir y permitir.

Así que, ¿cómo ir más allá de "recibir forzadamente", e ir en busca de otra posibilidad?

*Paso 5: Acepta recibir a través de la seducción*

Todo llega creando consciencia. Una vez que te das cuenta de cómo estás usando ese "recibir forzadamente", allí es cuando te toca elegir e ir por algo diferente.

¿Y por qué no intentar "recibir a través de la seducción"?

Debo admitir que la palabra seducción puede sonar un poco indecorosa o tal vez incómoda, especialmente si experimentaste algún tipo de abusos en la que otra persona te "sedujo" y te obligó a hacer algo que no querías. Como recordatorio, al igual que en el paso 2, aquí también puedes elegir desechar las historias que te apartan de recibir.

· · ·

¿Y qué tal si existe una forma "segura" de ser seducido?

¿Y qué tal si "recibir a través de la seducción", resulta imprescindible para invitar a tu vida todo lo que deseas y anhelas? Nuestros maltratadores intentaron quitarnos algo a lo que no tenían derecho y eso trajo como consecuencia el alejamiento de la seducción y del placer de tu vida. Restaurar el arte de la seducción abre un espacio de materialización que siempre ha estado dentro de ti y tienes que aprender a reclamarlo porque te pertenece. Con el don de "recibir a través de la seducción", tú le abres la puerta a todo eso que deseas y así te conviertes en la energía de las posibilidades para lograr una mejor salud, relaciones, estado financiero ynegocios.

¿Qué se necesita para que tu bondad y gentileza sean tan fuertes como para disolver todos los maltratos que has experimentado, y con los cuales continúas "protegiéndote" con tus púas?

Aceptar "recibir a través de la seducción", te regresa a tu verdadero ser: a quién eres realmente. Y en ese espacio, delante de toda tu vulnerabilidad, de pronto te quitas tus púas para que no existan más bloqueos ni barreras y así, la energía de recibir fluye más libre y ligera. Elespacio, la energía y la consciencia en recibir son gratificantes, vigorizantes, solidarios y generosos.

Es gratificante porque eres Tú mismo.

Está lleno de vigor porque eres tú personificando tu energía.

Es solidario porque tu mayor fortaleza es la bondad.

Y es generoso porque te estás permitiendo regalarte esta realidad, que transforma todo tu ser a nivel molecular.

· · ·

"Recibir a través de la seducción", es el sentimiento de vitalidad más emocionante que existe. Todos lo tenemos y llevamos intrínsecamente y, mientras más lo aceptes y recibas, más te conectarás con esa energía de expansión, tal como lo descubriremos en el siguiente capítulo.

# LA ENERGÍA DE LA EXPANSIÓN

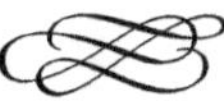

*La vida personal a plenitud se expande hacia verdades infinitas y desconocidas.*

— ANAIS NIN

Cuando tenía siete años, yo recuerdo mirar a la luna por la ventana de mi habitación, mientras me la pasaba repitiendo una oración que me tullía el corazón. Ya para ese entonces, había experimentado toda clase de abusos físicos, sexuales y emocionales y que continuaron hasta entrados mis veinte años. Y fue justo a esa temprana edad cuando me comprometí a salir de esa jaula invisible, porque intuía que había algo más allá. Juré que algún día encontraría la forma de salir de esa vida sufrida y precaria, y que haría lo que fuese necesario para crear un mundo en donde todos los niños se acostaran en paz en la noche sobre sus almohadas y descansando plenamente.

Me tomó años, mucha ayuda y una buena dosis de valentía practicar el arte de la energía de la expansión. Y es así como he encontrado un camino de prosperidad más allá de mis experiencias traumáticas de abuso sexual en mi infancia, y así he apoyado a muchísima gente para quepuedan vivir más allá de sus abusos y desarrollen vidas plenas y sin límites.

Yo viajo por el mundo dando clases, tengo un programa en el radio llamado *Voice America,* por donde llego a miles de oyentes cada semana con mi show *"Más allá del abuso, más allá de la terapia, más allá de todo."*

Y puedo decir con plena certeza, que cumplí la promesa de aquella niña de 7 años. Yo elegí nunca darme por vencida, nunca ceder y siempre ir hacia lo que fuese infinitamente posible. Y en estos momentos, me dedico aerradicar y eliminar el abuso de este planeta para que así más niños y más adultos vivan su existencia con empoderamiento y expansión, que son nuestros derechos innatos desde que nacemos.

## NO SE TRATA SOLO DEL ABUSO

Para estar claros, no tienes que necesariamente haber experimentado abusos para vivir atrapado en tu propia jaula invisible, esa que te mantiene alejada de la energía de expansión y grandeza que tanto anhelas. La jaula invisible no conoce de géneros ni personalidades y su objetivo es apresar y doblegar a quien sea. Si has sido capturado por sus garrotes, probablemente quieras escapar y crear tu mundo soñado y posible. Y tal vez, así como yo, tú también te has hecho una promesa, pero no estás seguro de cómo cumplirla.

Pues yo te invito a explorar cómo la "jaula invisible" te ha mantenidoalejado de tu grandeza, y así lograrás moverte más allá de la constricción, hacia la personificación de la energía de la expansión.

## RECONOCIENDO LA ENERGÍA DE LA EXPANSIÓN

Si eliges hacer este viaje, debes estar claro y saber exactamente lo que andas buscando. Entonces, por consiguiente, la energía de la expansión es:

- Reconocer tu grandeza y la magia que hay en ti.
- Vivir una vida libre, dichosa, alegre y siempre *vivir radicalmente*.
- Hay que reconocer que tus posibilidades son infinitas.
- Invocar y recibir aquello que anhelas y deseas.
- Experimentar comunión, armonía y regocijo contigo y con los demás.
- Otórgale al mundo lo único y auténtico de ti.
- Elegir crear una vida empoderada, más allá de cualquier límite.

Suena todo muy fantasioso, ¿verdad? Pero tan solo imagínate la vida que puedes alcanzar cuando te entregas de lleno a la energía de la expansión. Para acoger totalmente a esta energía poderosa, debes conocer primero las tres principales limitaciones que te pone tu jaula invisible y cómo puedes deshacerte de ellas para entregarte a la energía de la expansión.

## DE LA VICTIMIZACIÓN AL EMPODERAMIENTO

Yo era una niña muy apagada y sufría mucho, nada de lo que hacía diferente cambiaba la situación. Crecí creyendo que no había nada que podía hacer para cambiar mis traumas, yo era una víctima de losacontecimientos. Y cargué con esta historia hasta pasados mis veinte años tomando alcohol, saliendo de fiesta, consumiendo drogas y portándome irresponsablemente, intentando escapar del dolor de mis traumas pasados. No cuidaba de mí y no sabía cuan comunes eran esos sentimientos de los niños que han sido abusados, que creen que son gente mala y dañina.

Ese trance hacia afuera del papel de víctima me sacó de la jaulainvisible y me trasladó hacia quien soy realmente, mucho más allá de aquella niña miserable, apagada y auto destructiva y así aprendí que era bondadosa, brillante, fenomenal y graciosa. A su vez, me di cuenta de que tenía otras opciones de cómo vivir y cómo relacionarme conmigo misma y con los demás. Mientras probaba todas estas opciones, me iba sintiendo más segura.

Me enfrenté a los viejos patrones y confirmé lo destructivo que eran y, posteriormente, elegí crear una manera de vivir con la perspectiva de lo que es adecuado y ligero para mí. Elegí darme la posibilidad de crear algo totalmente diferente y, aun así, seguir conectada con lo que siempre he sido, a pesar de la marca de mis historias pasadas. de abuso.

¿Y qué tal tú? ¿Tu rol de víctima controla tu vida? ¿Has estado repitiendo tus ciclos abusivos a través de patrones auto destructivos y te has dado cuenta cómo eso te aleja del empoderamiento? ¿Qué tal si pudieses crear tu vida desde la elección y no desde la destrucción?

Si has experimentado alguna forma de abuso en tu vida, en la que te hayan hecho sentir muy mal, tal vez estés más identificado con la historia del "pobre de mí", pues te sientes víctima de las circunstancias, como me sucedió a mi durante mucho tiempo, cuando te sientes que no hay solución que valga para remediarlo. Pero cada vez que me repetía que no había nada que hacer para cambiar mi vida, algo me decía que estaba equivocada. De manera que, la elección que yo tomé se convirtió en la clave entre mí y mis sentimientos, me di cuenta de que no soy mis sentimientos, pero sí soy mis elecciones.

Si tú eliges y decides, eso puede ser la primera "fase" en tu camino desde la prisión de la jaula invisible hacia la energía de expansión. Entonces, ¿estás preparado para deshacerte de la historia de no poder elegir? De ser así, estos siguientes pasos ayudarán a guiarte:

Tres pasos para IR más allá de la Victimización hacia el Empoderamiento.


*Recibe apoyo profesional.*

En la mayoría de los casos las personas, bien sea familiares o amigos, con quien compartes tus pesares, son las mismas que te han causado daño. De manera que, hablar con un profesional acelera tu proceso en el camino dedeshacer tu papel de víctima. Compartir con alguien acerca de tus planes y deseos y colaborar desde el empoderamiento en pro de tus propiaselecciones, ayuda muchísimo a superar tus traumas, y en el aprendizaje de *vivir radicalmente.* Los sanadores profesionales con los que he trabajado se han convertido en aliados en mi proceso de sanación y ahora yo me permito ser para los demás lo que soy para mí. Nunca juzgues el tiempo quedediques o el camino que tomes, sólo mantente eligiendo tu plan ideal, más allá de la constricción que te hace pensar que nunca lo podrás alcanzar.


*Comparte tu historia y libera tus secretos*

Los secretos te atrapan en tu rol de víctima, te hacen sentiravergonzado y te alejan del empoderamiento, te atoran en constricciones y limitaciones. Por cada secreto, tienes que justificar cerca de 25 razones para que se mantenga y se va acumulando como un peso muerto y como desilusión por no haber podido alcanzar la autenticidad que deseas. Y lo más sorprendente es que esos secretos, ni siquiera son tuyos, más bien, pertenecen a los perpetradores o a los prejuicios que otros cargaron sobre ti para evitar que fueses Tú. El prejuicio es el verdadero causante de este flagelo, especialmente en tus experiencias de abuso.

*DÉJALO IR, y suelta tu "historial de víctima."*

Cuando sueltas esas historias y te escapas de ellas, comienzas aadentrarte en la magia y plenitud de lo que eres realmente. Descubres la energía de expansión que te es accesible fuera de esa jaula. Es todo un arte y acontecimiento soltar tu historia, pero es solo decidir crear lo que en verdad quieres ser y hacer. Recuerda que las experiencias de abuso te alejan de la posibilidad de elegir, de tu librealbedrio y es cierto que para ese entonces, no tenías esa capacidad, pero ahora cuentas con cada segundo de cada día. Yo decidí que mi historia fuese lo que he creado hoy en día, y no lo que había creado antes, basado en lo que me ocurrió hace algunos años.

Mientras te vas alejando de tu vieja historia, comienzas a experimentar la energía de expansión: la de la libertad y el disfrute de tu propia grandeza.Comenzarás a ver nuevas posibilidades y descubrirás nuevas fuentes de tu propio potencial en lugares que te sorprenderán y esto despertará en ti el reconocimiento de que siempre has sido ese ser genuino, antes y después de tus experiencias de abuso. Esas experiencias no tienen que definirte, pues tú eres y representas más que eso y siempre será así.

## DESDE LA ARMADURA HACIA LA VULNERABILIDAD

Cuando mi madre me insultaba y me decía cualquier cosa, yo evitaba llorar, pues no le dejaba ver lo enojada que estaba, yo sólo hacía lo que me ordenaba. Al momento me daba rabia, pero después se me pasaba y me iba a esconder a mi habitación. Cuando me golpeaba, yo me hacia la fuerte y aguantaba, sabía que no debía llorar porque eso provocaba que me pegara aún más fuerte, sabía que si aguantaba y yo me protegía con mi armadura invisible para no llorar, terminaría más rápido. Crecí creyendo que estaría más segura si tenía una actitud recia y desarrollé una sólida armadura para proteger mi *yo* angelical, y así creía que sólo llegarían hasta mi armadura protectora, pero nunca a mí de un todo.

Como les conté en un capítulo anterior, yo llamo este comportamiento "el fenómeno de acorazar al puercoespín invisible." Cabe destacar que yo dediqué dos shows de radio completos a este tema (puedes encontrar las grabaciones en inglés gratis en mi sitio web **www.DrLisaCooney.com**) Así como un puercoespín se defiende con sus púas filosas, tú, tal vez también tengas una armadura parecida con púas invisibles, pues ha sido una opción para protegerte de un mundo que no se siente seguro.

PERO Y ¿cómo puedes expandirte cuando estás constantemente a la defensiva?

Así como has mantenido la esperanza de que las púas mantendrían alejado al agresor, de la misma forma mantienen alejado a las relaciones estables, al dinero, clientes y todo lo demás, en una distancia "segura." Estas púas te bloquean de recibir la vida que anhelas, porque temes al don de recibir, pues lo sientes peligroso.

¿CUÁNTO ESTÁS RECHAZANDO en tu vida debido a estas púas?

Así como las púas invisibles apuntan hacia afuera y te mantienenprotegido (amor, dinero, salud, etc.) a una distancia "segura", estastambién apuntan hacia adentro, y evitan que crezcas y te muevas hacia adelante.

En algún momento de tu vida, aprendiste que no era "seguro" mostrarte, y en tus intentos de escapar de tus traumas, o contarle a alguien al respecto, te pudiste haber desconectado o disociado. De la forma en que haya sido, te alejaste de ti mismo para tratar de mantenerte a salvo. Y así, te has mantenido pinchándote con tus propias púas, juzgándote en una historia de que no es seguro ser Tú mismo. Te mantienes diminuto, tal vez invisible, intentando escapar de cualquier daño que percibieses a tu alrededor.

¿QUIERES SABER qué es lo más doloroso de todo esto?

Que estás viviendo tu vida "acorazado y seguro", lejos de ti mismo ydesaprovechando tu belleza y tu verdadero potencial, es decir, sin experimentar la fuerza de tu vulnerabilidad.

Vulnerabilidad es reconocerte sin la armadura ni las defensas. Mi contacto con terapeutas, sanadores, parejas y finalmente conmigo misma, me ayudó a confiar en que podía estar "segura" al quitarme la armadura y con el paso del tiempo, por fin me deshice de mis púas tanto internas como externas.

Mientras mis púas se disolvían, descubrí un nuevo nivel de vulnerabilidad que me sirvió para desarrollar una capacidad superior. Y en este espacio leve y amplio, experimenté la comunión conmigo misma y con los demás, como nunca lo había hecho. Pude pedir, exigir y recibir lo que deseaba y me sentí más viva que antes, porque al final estaba recibiéndome a mí misma y a mi vida en su totalidad. Descubrí que hay un potencial en la vulnerabilidad, que se ve y siente totalmente diferente a la fuerza de "acorazarse." De hecho, la vulnerabilidad es el potencial con la mayor "protección" que puedes contar.

Pero ojo, una advertencia…

Cuando ya no tienes esa armadura puesta, te puedes sentir algo "desnudo" o expuesto. No te preocupes que eso es completamente normal, es tan solo tu espacio interior exponiéndose y expandiéndose hacia tu vida nueva de comunión, fuera de esa armadura que te ha hecho tanto daño. Y, aun así, puede que continúen residuos de la jaula invisible que te seguirá bloqueando y evitando que recibas la energía de expansión, a menos que aprendas cómo deshacerte de ello.

## DEL PREJUICIO A LA BONDAD

El prejuicio es lo opuesto a la expansión, es una forma de constricción y limitación, así como una forma punzante de auto abuso. Cuando juzgas a otros, en realidad te estás defendiendo, desconectando, negando o disociando de aquello que no estás dispuesto a ver en ti. El prejuicio te mantiene mintiéndote a ti mismo y te encierra nuevamente en la jaula invisible, por lo que permaneces bloqueado, alejado de los demás y te impide vivir y planear la vida que anhelas. Cuando te juzgas a ti mismo, te conviertes en tu propio carcelero eterno, pues te estas clausurando aún más en tu jaula. El prejuicio te devuelve al pensamiento de (lo "malo" que eres) y te convence que nunca vas a tener más de lo que tienes o eres ahora. Te mantiene diminuto y en sufrimiento perenne, te sientes como víctima ycarente de poder, acorazado e insensible, lastimándote y manteniendo el ciclo dañino vivo.

¿Cómo esto puede representar un acto de bondad hacia ti y hacia los demás?

La única manera de salir de esa jaula y recibir la energía de expansión es trascender al prejuicio, y existen seis pasos para lograrlo.

## 6 PASOS PARA ACCEDER AL ESPACIO DONDE NO EXISTAN PREJUICIOS

1. Siéntate en un lugar tranquilo, cierra los ojos y respira profundo varias veces.
2. Expande tu energía hacia la tierra.

3. Ofrece tus prejuicios a la tierra como una contribución y acto de fe.
4. Despéjate para recibir la contribución que la tierra te brinda.
5. Devuélvete esa energía, pero sin prejuicios.
6. Ábrete y toma consciencia de todo este proceso

La tierra es el único lugar donde el prejuicio no puede residir, es el lugar a donde siempre puedes volver una y otra vez a soltar tus prejuicios y sentir la paz y las posibilidades de expansión. Regalándole ese estiércol de prejuicios a la tierra, fertilizas una nueva posibilidad para ti y para todos los demás. En el espacio sin prejuicio aparece la bondad, que es la verdad de lo que eres y de lo que siempre has sido.

*La bondad es una energía generadora.* He descubierto después de viajar por el mundo y trabajar con miles de personas, que la bondad es lo que se necesita para ir más allá del prejuicio, más allá de tus historias de abuso y más allá de tus limitaciones.

Esta energía generadora es lo que crea una nueva vida llena de expansión.

Haz este ejercicio y toma un momento para pensar:

- *¿Qué ocurriría de aquí a 50 años en este planeta si tú eliges la bondad?*
- *¿Qué ocurriría si dejaras ir el historial de víctima y eligieses el camino del empoderamiento?*
- *¿Qué ocurriría si te despojaras de la armadura y eligieses el potencial de lavulnerabilidad?*
- *¿Desaparecerían las enfermedades?*
- *¿Se acabarían los conflictos?*
- *¿Serías feliz?*
- *¿Cómo se abriría la energía de expansión hacia un mundo de nuevas posibilidades?*

Hay una vida más allá de los traumas de abuso, más allá de esa jaula que te mantiene impotente y diminuto.

No tienes que pasar por lo que pasé yo cuando a los siete años miraba la luna y soñaba con una vida mejor. Tú puedes comenzar ahora mismo y usar la fuerza de la energía de expansión que funciona para todos sin importar donde estés.

Todo lo que se necesita es que la recibas y empieces a juguetear con ella. De eso vamos a hablar en el siguiente capítulo.

# JUGUETEANDO CON LA LUZ

*Cada día jugueteas con la luz del universo.*

*— PABLO NERUDA*

La vida puede ser mucho más simple y divertida de lo que la hacemos parecer. Es tan simple que, en mis 25 años de trabajo en terapiasenergéticas no tradicionales, todo se reduce a un sólo tema: encontrar lo que no esté funcionando, trabajar en el empoderamiento para saber elegir, contribuir con la realización de deseos y expectativas y generar posibilidades para la creación de una vida ideal para cada uno. Y cuando sigo el método, los resultados son sorprendentes.

Y no es sólo porque se están sintiendo más felices, sino tambiénporque sin importar el "problema", ya sea los medicamentos que tomes, o las enfermedades que tengas, la falta de dinero, o lo que sea, también de pronto eso desaparece: como por arte de magia. Y todo lo que se necesita para alcanzarlo, es la voluntad de elegir por ti mismo y traer la energía y el derecho que tienes para que actúen en tu vida. Y entonces, ¿por qué no todos estamos haciendo esto?

Esa es una buena pregunta....

LO QUE HE ENCONTRADO en mis prácticas, es que a la mayoría de las personas con historial de abuso, les cuesta trabajo juguetear, divertirse y soltar. No es que ellos carezcan de la habilidad, todos la tenemos. Lo que sucede es que en nuestras mentes el concepto de juguetear ha estado siempre asociado con algo totalmente diferente y "malo."

Por ejemplo, a veces el jugueteo se relaciona con actividad sexual donde algo se siente malo pero placentero al mismo tiempo. Es algo confuso porque no se sabe a ciencia cierta que lo que haces esté mal, bien, o qué. En este plano, el jugueteo se asocia con vergüenza sexual, hay una voz alterna que te dice, "yo no debería hacer eso," ni nada parecido a diversión, relajación, soltura, etc. Todos se relacionan a sentirse fuera de control, muy parecido a lo que sentiste cuando fuiste abusado/a.

Cuando ejerces el jugueteo, significa una actividad de diversión y recreación, invita a tu imaginación a algo nuevo a través de la acción, creación y un universo de posibilidades.

Si has experimentado abusos, tu concepto del jugueteo cambia, es otra cosa, se convierte en serio y práctico, en un "algo me puede pasar", lo que posteriormente te lleva a limitar y suspender la libertad y consciencia, como la de los niños que juguetean por doquier, pues sus pensamientos no les mortifican ni piensan que algo malo les vaya a pasar.

Pocas cosas son tan divertidas e inquietantes como los viajes hacia lo desconocido. Esa anticipación, expectativa y sorpresa que se sienten son fascinantes. Cual niño no te ha preguntado con emoción "¿me trajiste una sorpresa?", saltando de alegría y felicidad. Entonces, los que han sufrido historias de abuso, lo último que desean experimentar son las sorpresas

La hipervigilancia se convierte en la palabra clave y cuidarte las espaldas, se vuelve un juego de supervivencia.

## EL SANTO VARÓN QUE ROBA EL JUGUETEO

Si experimentaste abusos, tu cuerpo se bloquea y se comporta de una manera poco natural, se encorva inconscientemente para no encontrarse con el abuso nuevamente, pues habita en la energía de la conclusión, el prejuicio y la restricción. Es como un caso severo de artritis, que se vuelve tan rígido que te saca de tus posibilidades de generar tu propia creatividad y fluidez. Continúas atorado en la jaula invisible del abuso, la cual describo detalladamente en mi próximo libro *"Creando después del abuso"*.

En esta jaula impuesta a juro, no puede haber diversión, porque siempre estás esperando o sintiendo lo peor. Transitar la vida se convierte como hacer rafting en aguas rápidas y a ese paso todavía te preguntas: "¿Por qué me sigue pasando esto a mí? Todo parece cuesta arriba, nada me funciona y no importa cuánto lo intente. ¿Por qué todo es tan difícil?"

Y la respuesta es que básicamente estás encerrado en los cuatro *pilares* de los que hablamos en el capítulo tres y que forman parte de esa jaula invisible. Recuerda: *disociación, negación, defensa* y *desconexión*.

Puede que las actividades más simples y reconfortantes como el senderismo, te resulten esquivas, pues te encuentras en un mundo donde te sientes en estado de alerta permanente y te repite constantemente que es un lugar peligroso. Siempre vigilante y consciente de que en cualquier momento tu seguridad y confort pueda interrumpirse, esto también se expande hacia otros aspectos de tu vida, como por ejemplo, relaciones con tu cuerpo y parejas, dinero, falta de deseo sexual, es decir, te contrae y limita en lugar de expandirte hacia un mundo de posibilidades.

En cuanto a la salud, la rigidez corporal puede tener serias repercusiones pues al no existir una circulación libre y fluida, aparecen bloqueos que restringen el flujo sanguíneo, privando a tus órganos de oxígeno y de otros elementos vitales que tu cuerpo requiere para funcionar plenamente. Con el paso del tiempo, esto puede transformarse en enfermedades crónicas y posiblemente no desordenes adrenales o endócrinos. Por si no lo sabes, todo esto me sucedió a mí.

En cuanto a relaciones, se tiende a elegir personas que son más propensas al bloqueo, pues es a lo que tu cuerpo ya está acostumbrado, porque es lo que conoce, o ese es el criterio que tiene tu mente de las relaciones. Eliges a personas de modo consciente o inconsciente, que te limitan y restringen, en vez de elegir a aquellas personas que te encaminan hacia un mundo de posibilidades. También, tus ingresos y tu potencial de ganar dinero son limitados, pues prefieres no arriesgarte y apostar por lo seguro. Un ejemplo es, trabajar en un lugar que no te gusta nada, pero te ofrece un salario decente, aunque odies ir todos los días. ¿Dónde está la diversión en este trabajo? En lugar de ir hacia delante, hacia un mundo de posibilidades, toda esta situación se te vuelve enreversa, va en contra de tu energía y se convierte en la premisa de "¿qué tan seguro estoy? en vez de ¡qué increíble!, ¿qué más puedo hacer?"

El jugueteo y la creatividad van de la mano con la imaginación, apuestan por mentes abiertas que se cuestionen, generen curiosidad y en un entorno relajado para que se convierta en un espacio regenerador y expansivo. Sucede lo contrario cuando tu mente está secuestrada dentro de la jaula invisible y puede que sientas las siguientes características:

- Necesidad de tener todo estructurado.
- Control.
- Estar preparado para lo que venga.
- Necesidad de saberlo todo.

- Tímido y solitario.
- Propenso a dar conclusiones precipitadas.
- Conformista.
- Desconfianza a lo desconocido.
- No te sientes seguro.
- Estado de alerta perenne

Tu fuerza creativa fluye cuando conectas con la energética molecular del conocimiento libre y de la posibilidad pura, donde todo es posible y la comunión y armonía son la fuente creativa.

En el jugueteo hay muchos elementos que no conoces, pero ¿cómo hacemos para saberlos e incorporarlos en nuestras vidas? Planeando y creando todo lo que anhelas, ahora bien, si viviste historias de abuso, lo "desconocido", puede desatar miedo y destruir el proceso creativo.

## VIVIENDO RADICAL Y ORGÁSMICAMENTE

¿Alguna vez te has dado como los niños se distraen o juegan? Se vanmoviendo de una actividad a otra, con mente y cuerpo juntos, presentes viviendo el momento, pues ellos lo eligen de acuerdo con lo que les es divertido y emocionante.

Y yo me refiero a esto como *Vivir en un absoluto estado radical y orgásmico*, donde tú te sientes presente en todos tus quehaceres y en el ahora. No te estás preocupando por el futuro, o por pagar tus cuentas, o por cómo te ves; hay una gran presencia de jugueteo y diversión tan sólo por estar presente. Pero al haber vivido situaciones traumáticas, lo que menos deseas es vivir en el presente.

El orgasmo no sólo está relacionado con el sexo, también está relacionado con la sensualidad y la personificación del placer. ¿Qué tal si quisieras oler una rosa, o comprar rosas para ti y adornar con bellos colores tu casa? ¿Y si quisieras poner fresas en tu granola y sólo el sabor te resulta delicioso y orgásmico? ¡Pues eso es divertido y orgásmico! Los niños no andan perdiendo el tiempo con esas ideas preconcebidas; ellos no han desarrollado esas nociones que nosotros hemos aprendido cuando adultos y que nos limitan y mantienen alejados de personificar el placer a plenitud.

Y, si no aceptas ni tienes una buena relación con tu cuerpo, ¿cómo crees que eso afectará a una relación que debería ser sensual y sexual? Escomplicado tener una relación sexual deseosa y orgásmica cuando estás tan acostumbrado a descuidar tu cuerpo debido a aquella experiencia que te marcó y alejó de los placeres. Entonces ¿qué hacer para que te reencuentres con tu cuerpo… y con el jugueteo?

## DOS PASOS HACIA EL JUGUETEO

Alguna vez te has preguntado ¿la estoy pasando bien ahora? Pues para la gran mayoría de gente adulta, elegir pasarla bien es un concepto esquivo, no se atreven a elegirlo. Si nunca has tenido una buena relación con tu cuerpo, tal vez no te has dado la oportunidad de pedir y exigir por ti, ni siquiera sabrías qué pregunta hacerte.

El primer paso para juguetear es simplemente tomar consciencia de que algo no te está funcionando y permitirte decir: "realmente no sé qué está pasando, pero algo no anda bien y deseo y elijo hacer un cambio, a pesar de que no sepa qué preguntar." Solo ese acto de consciencia te devolverá a tu presente en el ahora.

El siguiente paso es hacer preguntas e invocar la energía del jugueteo, como por ejemplo:

- *¿Cuerpo, esto es divertido?*
- *¿Me estoy divirtiendo ahora?*
- *¿Estoy aprendiendo algo?*

- *¿Mi realidad se está expandiendo?*
- *¿Estoy o me siento agradecido?*
- *¿Estoy disfrutando lo que soy en este momento?*
- *¿Esta persona me recibe?*
- *¿Soy capaz de recibir?*
- *¿Se siente bien mi cuerpo?*
- *¿Qué más se puede hacer?*
- *¿Puedo hacer lo que se me antoje?*
- *¿Estoy viviendo una realidad llena de gozo y jugueteo?*
  *¿Qué más puedo elegir para obtener más jugueteo?*

La energía del jugueteo no se trata de repetir lo que era divertido cuando eras niño, es más bien rescatar el espíritu de la diversión en el parque de posibilidades que tenías en aquel momento y trasladarlo al ahora. Se trata de lo que puedes hacer para crear nuevas posibilidades y salirte de las limitaciones del día a día.

Por ejemplo, podría estar sentada todo el día frente a mi computadora enviando correos y respondiendo, pero eso no es muy divertido que se diga. Para mí, lo más divertido es hacer el trabajo que me emana energía, como el show de radio de *Voice America*, escribir este libro o ayudar a las personas a que se abran hacia sus posibilidades. Pero hubo un largo periodo en mi vida donde jugar o juguetear representaba un espacio inseguro, mi conducta era rígida y funcionaba mejor dentro la forma y estructura. Si algo se salía de esa rutina, enseguida me alteraba. Pero yo ahora casi no tengo estructura, sólo sigo la energía de "lo que es" y de lo que se requiere de mí, cada día.

Pues eso es lo que hacemos cuando niños, siguiendo la energía de lo que es posible hoy (en el ahora). Y cuando las experiencias de abuso llegan, la libertad inocente y tu parque de posibilidades se cierra, se limita y se restringe. Pero por fortuna, existe una forma de recuperar eso.

## IRRADIAR LUZ ES LO CORRECTO

Lo que divierte genera luz y lo puedes sentir en tu cuerpo, luz es brillo y verdad, porque lo más expansivo y gozoso que expresas contagia de luz a los demás y así, tú puedes ser más divertido.

La energía de juguetear es descubrir cuan divertida es tu realidad entérminos emocionales, financieros, en tus relaciones, vida sexual, etc., interactuando con tu cuerpo y preguntarle: "Cuerpo ¿qué quieres hacer hoy? ¿qué te gustaría comer? ¿qué planes tienes? ¿Qué necesitas hoy?

Si mi cuerpo me dice, "vamos al gimnasio," pero yo no voy, se sentirá desdichado, pues ir al gimnasio es parte del jugueteo, porque mueves tu espíritu y aumentas tu energía. O si mi cuerpo dice, "Come esto", pero yo como otra cosa, entonces yo no le estoy prestando la atención que merece. Debes escuchar a tu cuerpo, escuchar los susurros de lo que requiere cada día, y de lo que tú requieres cada día y así seguir hacia adelante.

Puedes llevar esa energía de jugueteo a todas las decisiones que consideres que son las adecuadas para ti. ¿Cómo? Bueno, hazte la pregunta: ¿Qué es lo más divertido para mí?

## ¡JUGUETEAR ES LO MÁS DIVERTIDO!

Juguetear te hace trabajar todo el día sin comer, cuando de pronto te das cuenta y dices, "¡pero, si yo no he comido!" Eso pasa porque te estás divirtiendo, pues estás enfocado y realmente entusiasmado con lo que te estás haciendo. Estás experimentando la energía de igual forma como lo hacen los niños, que continuamente necesitan que les recuerdes, *"tienes que comer, ya tienes que acostarte."* Esos niños están en el ahora, disfrutando de su libertad y no quieren que los saquen de su momentum. De manera que los adultos deben aprender de nuevo a diferenciar entre lo ligero y lo pesado, deben sentir ese peso en sus cuerpos para cuando llegue la hora de elegir, sepan de qué se trata.

En los espacios donde ha habido abuso, se infiltra tu energía y se anestesia tu conciencia. Y si esto sucede, ¿cómo puedes saber lo que es ligero y adecuado para ti? En ese estado, sólo sientes sufrimiento y desgracia, pues los traumas secuestran tus planes y expectativas, pues los tuercen paraconvertirlos en peligroso y nada divertido. Ser consciente de lo que es ligero y adecuado para ti te permite crear lo que te resulta divertido realmente, es como reprogramar tus moléculas a lo que eran originalmente, antes de cuando las tocaron y abusaron de ellas. Si se siente ligero, expansivo y burbujeante, pues adelante. Si es pesado y denso, hazte las preguntas y no lo elijas hasta que te sientas leve. Desafortunadamente, la gran mayoría elige lo pesado y denso, no lo ligero, y por ello acudimos a los consultorios de psiquiatría a la espera de consultas y medicamentos.

Tan solo recuerda...

## *SENTIRSE LIGERO ES LO QUE VALE LA PENA*

Lo divertido está en exigirte a ti mismo, como los niños lo hacen:"¡vamos a hacer esto!" y "¡vamos, dale!" Claro que, como adultos, existe una naturaleza un poco más pragmática, pero si te entregas a la energía del jugueteo, activarás tu imaginación regenerativa y creativa; es esa inocencia infantil que vive dentro de todos nosotros, sin importar la edad que tengamos. Y es tan fácil como elegir estar en el ahora, haciendo lo que te funciona, de la forma más ligera y expansiva.

## UN GRADO A LA VEZ

Una estrategia eficaz para construir una vida mejor es emplear el cambio de un grado a la vez, tan sólo ese cambio práctico de un grado realmente puede marcar la diferencia y transformar tu vida, y se logra un día a la vez.

Todos aspiramos lograr un cambio de mil grados, pues para lograr el éxito inmediato, se busca la gratificación instantánea. Sin embargo, he descubierto que al tomarte un tiempo cada día para hacer un pequeño cambio de un grado y luego repetir el proceso, comienzas a establecer una conexión mente-cuerpo-espíritu en tu memoria celular. Esta conexión te permite darte cuenta de que puedes hacer un simple cambio y que tienes el poder de alterar la trayectoria de tu día, en ese preciso instante. Es como el capitán que ajusta el timón de su barco tan solo un grado y esto trae como consecuencia un cambio significativo en la ruta planeada, dentro de la vasta extensión del océano.

Les voy a contar una historia. Hace muchos años, trabajé con un paciente que quería tratar sus traumas y abusos. Sin ir más allá, ya intuía que esa persona sufría de bloqueos y se sentía estancada y para que pudiese hacer un cambio de un grado, necesitaba salir de ese estado de parálisis en una situación realmente traumática, a pesar de que ya para ese entonces, representaba solo un recuerdo. Sus reacciones y estado físicos eran tétricos: su cuerpo temblaba, sentía náuseas y ganas de vomitar. Yo analizaba cuál podría ser la acción más sencilla que ofrecerle cuando ya ella había cerrado sus ojos mientras la guiaba para que se convirtiese en su propio médico y guía interior. Lo que voy a decir es difícil de explicar, sin embargo, le dije: "Si yo te tiendo la mano ahora, ¿tú la tomarías?". Y ella respondió inmediatamente con un rotundo "*No*". Le pregunté de nuevo, pero acortando mi pregunta: "Si te tiendo el dedo, ¿me lo aceptarías?" E inmediato dijo: "*Sí*". Y así sutilmente, ella empezó a rozar el dedo con el mío.

Lo que no sabía en ese momento es que era la primera vez que ella permitía que otra persona la tocara, pues ya la habían tocado antes, pero de un modo que ella no esperaba ni deseaba. Sin embargo, ese cambio de un grado le dio suficiente calma y cordura corporal para dar ese paso físico. Que dijera que sí y después yo supiera que era la primera vez que se dejaba tocar por otros, desde las agresiones a las que sobrevivió, fue algo increíble. Pues ese simple toque cambió su trayectoria en ese preciso instante.

Este concepto, que ahora se entiende como el cambio de un grado, podría representar un gran paso para ti, aunque pareciera ser apenas un pequeño ajuste. Tiempo después, este concepto se convirtió en la estrategia clave del método ROAR™.

Entonces, ¿qué significa cambiar en un grado en la vidacotidiana? Es algo que simplemente haces en un preciso instante y que cambia tu trayectoria, pero para bien, para mejor, para lograr la congruencia energética de lo que sabes que es importante en tu vida. Es simplemente una elección seguida de una acción que agradeces cuando la recibes.

La mentalidad y estrategia de cambiar en un grado te da la libertad de cambiar de opinión y sintonizarte con lo que es más certero para ti en unmomento dado y eso es precisamente juguetear. Por lo tanto, es un proceso hermoso por partida doble porque: 1) te sientes más libre y 2) descubres más intimidad contigo mismo. Si eliges algo que no te funciona, eliges otra cosa y ya. Cada elección te da una idea de lo que te funciona, teniendo en cuenta que lo que te funcionó ayer puede no funcionarte la próxima semana, o lo que te funcionó hace una hora, puede no funcionarte ahora.

Si nunca has experimentado cambios de un grado, te repartes frecuentemente entre libertad y constricción. Pero tan sólo necesitas cambiar un grado para lograrlo, así como los músculos, cuando los trabajas y defines.

De manera que cuando irradio y estoy feliz, todo funciona. Cuando siento mi energía plena, solo me concentro en expansión y posibilidades. Simplemente estoy aquí y disfruto cada momento como una nueva posibilidad de regeneración y creación y así experimentar una realidad completamente nueva, una que genere alegría, placer, posibilidades, jugueteo y felicidad. Y esta realidad es muy diferente a la de alguien que haya sido abusado con la mentalidad del: *"todo es muy difícil y no importa todo lo que haga o cuánto me esfuerce, nada cambia"*.

## JUGUETEAR ES SENCILLO Y PRÁCTICO

*Busca lo que más te guste e interese. Mientras más aprendes, más te va a gustar. Sera muy divertido.*

— *WARREN BUFFETT*

La energía del jugueteo no sólo es divertida, sino también pragmática. Lo decía Warren Buffett quien en *Tap Dancing to Work* de Carol Loomis, confesó que su principal motivación era divertirse, que no era tanto por el dinero.

He tenido muchos pacientes que han dejado sus trabajos por lo que realmente les apasionan y aman y terminan ganando tres o cuatro veces más dinero que antes.

Cuando tu cuerpo te expresa lo que quiere y tú lo escuchas, tu vida se vuelve más viable y divertida, cuando escuchas lo que te funciona y lo emanas, el universo conspira para hacer tu vida más fácil y llevadera, tan solo porque estás haciendo lo que te resulta divertido. Por lo tanto, si algo no te funciona, lo eliminas de tu realidad y punto. Eso no quiere decir que te despreocuparás y dejarás de pagar las cuentas, sino encontrar otra manera divertida y amena de ocuparte de tus asuntos.

Por ejemplo, yo pago todas mis facturas con un plan de pago

automático, porque me aburre perder tiempo dedicándole cada mes. Me divierte y satisface eso solo, todos los días y meses, pues me quita un peso de encima, me tranquiliza no tener que preocuparme por llegar tarde a nada, pues no quiero que eso sea el centro de mi atención, prefiero dedicarlo a crear algo nuevo, algo que vaya más allá de lo que tengo actualmente, sé que tengo libertad de escoger y de generar dinero extra.

## EL PUENTE QUE TE CRUZA PARA VIVIR RADICALMENTE

Como catalizadora del movimiento *Live your ROAR*, su objetivo es erradicar todas las formas de abuso de este planeta a través de dos métodos: identificar la jaula invisible de abuso y orientar a las personas a que crucen cruzar el "puente" para poder vivir radicalmente.

RECUERDA que la *Supervivencia Radical* funciona con estos cuatro componentes: elegirte, comprometerte, colaborar y reconocer que el universo está conspirando para bendecirte y ayudarte a crear la vida que anhelas. De manera que vivir de forma radical es super divertido.

Atraviesas el puente cuando entras al espíritu del jugueteo y escoges lo que más te divierte. El objetivo de la energía del jugueteo es que te des prioridad, que te coloques en primer lugar. Si todo esto te suena algo extraño, entonces la idea de elegir te resulta radical. Y no hay duda de que las personas que han sufrido abusos son las que más les cuesta asimilar esto porque colocan a los demás por encima de ellos mismos. Así que únete al jugueteo para que recuperes tu libertad de expresión. Más allá de tus intenciones y objetivos, aprender a elegir a partir de la energía del jugueteo te abrirá a un universo de posibilidades y te devolverá la armonía en tu vida a un nivel completamente diferente, repleto de tranquilidad, gozo y gloria.

En el próximo capítulo, les presentaré la energía del espíritu y el conocimiento, que es esa parte intrínseca e inconsciente que poseen los niños quienes, hayan sufrido maltrato o no, tienden a abandonarla cuando nos volvemos adultos. Así que, cuanto más hagas amistad con esa energía innata y más la utilices, más fácil te será entrar en el espíritu del jugueteo.

## Capitulo 8: El rostro de la luna

*Acabé perdidamente enamorado de la luna, pues siempre me acompañaba cada noche.*

— ANÓNIMO

CUANDO ERA NIÑA, mi habitación solía ser mi santuario y refugio, pues como ya he mencionado, crecí en un hogar violento. Aquella era mi único lugar donde escapaba y evadía toda la locura de mi casa, había una pequeña ventana junto a mi cama, y todas las noches, cuando la luna salía, me arrodillaba y la miraba durante horas, disfrutando de ese hermoso rostro que siempre me contemplaba, y yo sentía su energía sonriente que me trasmitía una señal de que las cosas andaban bien.

Y una noche, después de un largo diálogo con ella, de pronto volteé y vi que toda mi habitación estaba plagada de colores del arcoíris, con hadas y ángeles, que ahora reconozco que eran dioses, diosas y deidades que bailaban en una fiesta vibrante. Se sentía la luz rosa de la compasión y la luz azul de la creatividad, todo allí a la punta de mis pies.

Así comencé a dedicar tiempo a ese mundo especial de energías mágicas, analizando lo que debía tener en cuenta, los dones que poseía y lo especial y diferente que iba a ser en esta vida. Estas criaturas de otro mundo se convirtieron en amigos entrañables y compañeros de jugueteo, casi todas las noches, lo que quería era regresar a mi habitación a mi mundo mágico. Siempre supe que había algo más allá, de manera que no le temía a este reino, me sentía más cómoda allí que en mi propia realidad, aunque desafiaba al tiempo y al espacio común. Me di cuenta de que ciertamente había algo más allá y que nada de esa locura podía afectarme, pues yacía llena de esa energía radiante y maravillosa. De ahí supe que el trabajo de mi vida sería unir al mundo espiritual con el mundo físico y aprovechar la energía ATP de la creación. El ATP (por sus siglas en inglés) (trifosfato de adenosina), o energía espiritual, como yo la llamo, nos proporciona esa energía absoluta y está en cada célula de nuestro cuerpo, incluyendo la del universo y la del planeta en que vivimos.

## LA ENERGÍA DEL ESPÍRITU Y DEL CONOCIMIENTO

¿Cuál es esta energía a la que todos podemos invocar y con la que podemos comunicarnos? ¿Cuál es ese espíritu que se mueve por doquier y que todo lo crea?

Hoy, cuando pienso en espíritus, no pienso en hadas, ángeles o fantasmas. Mas bien, pienso en lo que diría Amma (una sanadora espiritual con la que pasé 15 años en una comunidad espiritual): la energía infantil que hay en lo más profundo de nuestro ser es Dios.

Para mí, la energía del espíritu es como la molécula ATP (trifosfato de adenosina), que alimenta cada célula de nuestro cuerpo y que se reconoce como la moneda energética de la vida, es la energía espiritual que se encuentra en nuestros cuerpos y que representa todo lo que somos.

Como he mencionado antes, hubo un momento en mi vida que mesentía infeliz, devastada y deprimida, bebía mucho alcohol y tenía sobrepeso, todo me salía mal. Me sentía terrible, muy sola, y no sentía conexión con nada ni nadie.

Una noche bebí mucho hasta que decidí parar e irme. Empecé a caminar cuando de pronto vi que se acercaba un autobús; crucé la acera para pararmele al frente, y de repente sentí que algo me sujetaba los hombros y me empujaba hacia atrás. Estaba en shock, miré a mi alrededor y no había nada ni nadie y ahí fue cuando supe que alguien o algo me protegía. Fue como la llamada de atención que tanto necesitaba, para que me recordara que existe algo mucho más allá que está conectado conmigo, fuera de esta realidad, así que sentí la necesidad de saber más al respecto. Y ya ha pasado muchas veces que algo o alguien me ha sostenido en este viaje y me ha guiado hasta donde estoy ahora.

Después de convertirme en psicoterapeuta y dedicándole tiempo a mi negocio, me enfermé muy grave. Buscando cura, comencé a usar Theta Healing®, lo cual cambió totalmente mi perspectiva. Theta Healing es una técnica de curación holística que combina curación espiritual, física y emocional. Se basa en la premisa de que se puede acceder a un estado profundo de relajación y conciencia, conocido como estado de ondas cerebrales theta, para conectar con la energía creativa del universo y así facilitar la curación. Esta técnica fue desarrollada por Vianna Stibal, naturópata y lectora intuitiva. Con esta técnica, tienes que trabajar en tu conocimiento del espíritu, así que todos los días, me sentaba en mi oficina con mis pacientes y, como dice Sheryl Sandberg, directora de operaciones de Facebook y autora del best seller *Lean In* (por sus siglas en inglés, que significa *"Acercándote"*) yo me "acercaba" para escuchar la energía del espíritu y la del conocimiento. Les decía información de ellos que no tenía forma consciente de conocer y ellos me miraban algo sorprendidos y me preguntaban: "¿Cómo supo eso? ¿De dónde sacó esa información? Yo no le dije eso". Y así continuaba cauta con mi conocimiento para no abrumarlos, pues todo ello me lo emanaba la energía de sus espíritus.

En aquel momento, usaba herramientas como pruebasmusculares y, luego Access Consciousness®, (livianas y pesadas), para ayudar a mis pacientes a sentir sus propios conocimientos a través de sus cuerpos y empoderarlos para que lleguen a sus conocimientos. Tenía claro que yo tan solo era un canal (todo viene a través de mí, hacia ti, sin prejuicios ni críticas), para estas personas que vinieron a mí debido a la conexión con otros reinos, realidades y/o energías. Incluso antes de practicar el Theta Healing®, siempre tuve la sensación de que había algo en mí que se conectaba con la gente y que resultaba único y especial, yo lo intuía y mis pacientes lo sentían, pues decían frases como: "tú eres diferente", "procedes diferente", "nunca había sentido esto."

Creo que poseo esa capacidad debido a mi conciencia con la energía del 'rostro de la luna', que es mi conciencia de energía que se mueve pordoquier, incluyendo en mi sistema de creencias, y estoy al tanto de que los órganos corporales almacenan esas creencias, y que se penetran en nuestras realidades. Y también creo que esas realidades se pueden cambiar, transformar y sanar, colaborando con la consciencia que se encuentra más allá de esa realidad.

Tomar consciencia así es colaborar con la tierra y con las moléculas inherentes a la tierra, que no difieren de las del cuerpo que contienen el ATP, la central energética de nuestro cuerpo.

Por esta experiencia con el espíritu de la energía, del conocimiento y a toda la información que recibí, siempre tuve la premonición de que mi trabajo era unir estos elementos: el espíritu con el físico. Tal vez no sea casualidad que sea Sagitario, representando al arquero como un humano disparando hacia el cielo en un caballo clavado en la tierra. Soy ese puente para las personas entre nuestra realidad y lo que es posible en otras dimensiones.

Con cualquier paciente que trabajo, y en ello me incluyo, busco aquellas partes que se fragmentaron, que bloquearon nuestra capacidad de acceder a nuestro propio conocimiento y a nuestra energía espiritual. Y esto nos puede retroceder a muy temprana edad, para así poder rastrear donde todavía yacemos atrapados en alguna escena, sea cual fuese la edad en que nos haya sucedido. Les ayudo a que miren directamente hacia los ojos de su niño interior para que obtengan información sobre lo que los mantiene estancados y aislados de sí mismos y así puedan explorar sus emociones (miedo, rabia, vergüenza, etc.) para que luego puedan reconocerlas en su fase adulta. Todo este proceso se realiza en una consulta presencial. Cuando sueltan todo lo que han podido, siempre les pido, de adultos, que le tiendan la mano al niño. A veces lo aceptan, otras no, pero lo vamos trabajando poco a poco, si no funciona en esa sesión, sería en la otra y así. Por lo general, el niño pregunta: "¿puedo confiar en ti?" y eso ayuda a "encontrarse" con el adulto. Así es como nos encontrarnos con nuestra propia energía espiritual o aliado interior y esta es la verdadera comunión con el espíritu.

Cuando mis pacientes retornan de esta escena, por lo general aparece una escalera de arco iris que traslada tanto al niño como al adulto de regreso a la oficina donde nos encontramos y allí integramos a ese niño con el ahora. Siempre resulta que el adulto confiesa que esta experiencia le ha cambiado profundamente, pues asuntos que les molestaban antes, ahora no les importan, así como lo demuestra este extracto de un testimonio que recibí de uno de mis pacientes:

*He intentado todo para cambiar muchos aspectos de mi vida y nada me ha servido. Me he sentido frustrado y a punto de tirar la toalla, he probado todo tipo de sesiones y terapias con sus herramientas, con la expectativa de que me iban a funcionar igual como a los demás, pero sin saber por qué, a mí no me funcionaban. He trabajado con muchísimos facilitadores, algunos de los cuales lograron ayudarme, conociendo bien mis traumas, pero dejándome colgado, una vez que se abría la puerta de mis experiencias de abuso, pues el facilitador no sabía qué hacer, una vez que se abría la puerta. Todo ello fue una experiencia terrible y me tomó mucho tiempo volver a mi disposición de intentarlo de nuevo...*

*Al terminar esta sesión, noté que, en vez de respirar superficialmente, ahora mi respiración llegaba profundamente a mi pecho, como si finalmente estuviese conectado con mi cuerpo por vez primera. Me sentía totalmente diferente y ligero. Agradezco que hayas proporcionado este espacio, donde pusiste todas tus habilidades para ayudar a reconectarme conmigo mismo. Sé que nada volverá a ser igual y estoy consciente del regalo que soy, que está disponible en mí perennemente.*

Y ESTA ES PRECISAMENTE la energía del espíritu, así que estoy convocando a esos niños extraviados – aquellos espíritus fragmentados de esos seres maravillosos – y conectándolos con "la inocencia infantil que está allí profunda dentro de nosotros, y que es Dios", llevándolos adelante, permitiéndoles que puedan elegir, que tengan pleno poder y capacidad en todo momento, para que compartan sus aportes a granel. Sin esa energía del espíritu ni del conocimiento, es como si siguieras las instrucciones de un manual, pero faltándote todas las partes y piezas para armar. No podríaspercibir la plenitud del espíritu, pues existe una separación en sus elementos.

EN ESTOS PROCESOS, antes de poder llegar al niño interior, hay que llegar a los prejuicios, creencias y encarnaciones de esa persona, es decir, al adulto que tengo en frente y cuando su cuerpo se libera de esas creencias y prejuicios que no son suyos realmente, sino de sus padres, abuelos, sistemas de creencias culturales, obligaciones, etc., es aquí cuando encuentro niños atrapados en esas escenas en donde no saben qué hacer. Un mecanismo psicológicamente compensatorio se activa cuando una parte de nosotros se va y otra parte se queda atrapada en la escena a los cuatro años. Esa parte no muere ni abandona la escena, se queda atrapada en aquella cocina o dormitorio o donde fuere. Cualquiera de estas escenas podría ser, por ejemplo, una madre y un padre gritándose y uno de ellos amenazando con irse, pero lo que el niño oye e intuye es: "Dios mío, mi seguridad está en riesgo"; no pueden lidiar, ni hablar de ello, así que se esconden en el armario de sus habitaciones. Pero cuarenta años más tarde, asisten a terapia y esa escena resulta siendo el meollo del problema.

Por fortuna, se puede salir de ese estancamiento, pues forma parte de mi trabajo. Nuestro objetivo es recuperar esa parte, una vez que la destapamos y reconocemos, y también explorar lo que causó esa separación y allí descubrimos el problema, que son incapaces de crear su vida a partir de quienes son realmente y lo hacen con un fragmento de ellos, creados desde el trauma y el shock.

Cuando recuperamos esa otra parte, se siente lo que manifestó mi paciente: todo cambia y nada vuelve a ser igual. Ahora se trata de una conexión con el espíritu, energía y tu ser infinito, que se siente fenomenal y mágico, repleto de posibilidades y de libertad de elección, ya no es un universo limitado, sino de posibilidades.

Pero y ¿cómo nos conectamos con la plenitud del espíritu?


## CONECTANDO CON LA PLENITUD

La energía del espíritu es esa parte que llamamos de muchas maneras – Dios, universo, conocimiento infinito, etc. – es lo que percibimos como algo único y diferente que nos regala y nos colabora. Esa energía del conocimiento es interna, es nuestra capacidad de intuición, percibir, conocer y saber ser. Para estar más consciente y tener más conexión con estas energías, existen prácticas fuera de terapia, son pasos que puedes seguir a nivel personal que te ayudan a conectar con tu plenitud innata:

## CONÉCTATE CON LA NATURALEZA

Algo que me ayudó mientras exploraba mi búsqueda hacia el espíritu fue la práctica de deportes. Cuando jugaba al fútbol, caminaba, andaba en bicicleta y corría hasta una montaña, me sentía fuerte, ágil y en conexión con mi cuerpo, podía hacer cualquier cosa y no existían límites en mi agilidad ni en mi capacidad de comunicarme con mi cuerpo y la tierra. Sentía paz después de hacer ejercicios y recibía el mensaje de que: "todo estaba bien". Cuando te compenetras con esa energía del espacio, nada te detiene, te expandes con el universo y te conviertes en una de todas esas moléculas. Es decir, se trata de sentir gratitud por la tierra al compartir e interactuar con ella. Así que, adelante, abraza a un árbol, haz una caminata de meditación con los pies descalzos, acerca tu cuerpo y a tu ser hacia la tierra y respira profundo.

*Mi amada abuela y el arte de recibir*

Mi abuela me ayudó a abrir ese espacio en mi mundo interior para poder recibir la energía de mi *yo* auténtico de una forma más plena.

Cuando era niña, la única persona con la que me sentía bien era con mi abuela. Cuando me quedaba con ella, solía acompañarla a la iglesia todos los días y ella siempre le gustaba sentarse en el banco de la iglesia para orar. Un día recitó: *"algún día mi alma y yo seremos sanadas"*. Ahí me di cuenta de que el libro de oraciones no decía la palabra "alma", pero ella la añadió, y cuando escuché esa palabra de su boca, inmediatamente la miré y escuché un zumbido en mis oídos diciendo: "¿Qué es el alma?"

Ahora Recordando, me doy cuenta de que toda mi vida he estado en una constante búsqueda del alma y espíritu y que se abrió por primera vez con aquellas experiencias del rostro de la luna hace mucho tiempo atrás.

AL ESCUCHAR LOS CÁNTICOS, oraciones y salmos una y otra vez, mientras permanecía sentada a los pies de mi abuela, trazándole las venas en sus manos, sentía reconforto en la repetición de sus palabras. A través de su "religión", me abrí hacia mi consciencia, percepción y conocimiento y así me di el lujo de conocerme. Todos necesitamos a alguna persona, que de alguna manera nos refleje cuanto resplandecemos, pues esos momentos infunden nuestro conocimiento más allá de nuestra realidad y a partir de allí, elegimos intrínsecamente la armonía y la unión.

## HAZ PREGUNTAS

En el capítulo dos, hablé sobre la importancia de hacer preguntas como forma de contribuir con el *Universo*. Preguntar y ser parte de la pregunta es una forma inherente de conectarse con tu conocimiento. Puede ser tan simple como preguntar el siguiente paso en tu vida o qué deseas.

Algo que he descubierto y que me ha funcionado de maravilla para conectarme con la energía del espíritu y del conocimiento es enfocarme en cuál es mi objetivo, haciéndome una serie de preguntas. De hecho, canto una canción cada mañana y empiezo:

*•¿QUIÉN soy hoy?*
*•Universo: muéstrame algo hermoso hoy*

*•¿Cuál energía, espacio y consciencia puedo crear hoy?*

*•¿Cuál contribución del espacio y del saber puedo ser y recibir hoy?*

*•¿Quién me gustaría ser?*

*También agrego algo pícaro y divertido como: "¿Qué podría hacer o ser hoy que me traiga más jugueteo, diversión y alegría?"*

*También hago preguntas relacionadas con mi negocio:*

*•¿Qué necesito para contribuir a una vida mejor?*

*•¿Que necesita mi empresa de mí?*

*•¿Qué le gustaría que hiciese hoy?*

*•¿Con quién necesito hablar hoy?*

Y con respecto a mi salud, me pregunto:

*•¿Como quisiera moverse mi cuerpo hoy?*

*•¿Que le gustaría comer a mi cuerpo hoy que le llene de energía y vitalidad?*

## *DÉJALO IR*

Está bien dejar a un lado algo que no te funciona y reconocer: "Está bien, cedo ante lo que está por encima de mí". En cierto modo, el proceso de creación es un acto genuino de abandono, es soltar el apego de lo que estás aferrado y acostumbrado. Las expectativas, decisiones, prejuicios, conclusiones y proyecciones pueden desestimar tu capacidad de saber, percibir y recibir.

Es certero que vivimos en un universo que conspira para bendecirnos, sin importar los traumas experimentados o cuántas veces hayas deseado abandonar este mundo, es la energía del conocimiento la que te mantendrá navegando en esas aguas tortuosas, que te ayudará a salir a flote, para ofrecer algo valioso a la humanidad, ayudando a otros.

Muchos se pierden en esta realidad y buscan terapia, meditación o ayuda espiritual para conectar con toda esa energía, aquella que yo vi tan claramente cuando tenía siete años. Y también busqué todo lo anterior, en un esfuerzo por sanar y conectarme más profundamente.

Entonces, yo me pregunto...

Puede ser una pregunta, llamado de atención, o como le quieras llamar.

Si puedes expandir tu energía para que se conecte con el espíritu de la tierra, con el *Universo* y con tu propia sabiduría la vez, ¿qué más se puede crear para que seamos la energía del espíritu en todo momento y por doquier?, independientemente de que sintamos el apoyo o no?

¿Y qué se necesita para que la energía de tu espíritu aparezca desde lo más profundo de su interior y sea el catalizador en tu vida de ahora en adelante y para siempre?

Tal vez aun estas incrédulo y no lo sabes, pero el mundo entero espera por ti.

En el siguiente capítulo, compartiré algunos pasos y consejos simples y poderosos, que puedes poner en práctica hoy mismo para que experimentes y recibas la verdadera felicidad en tu propia vida. Los he compartido con miles de mis pacientes y ya verás que funcionan.

# CAPITULO 9: LA LLAVE DE LA FELICIDAD HABITA EN TI

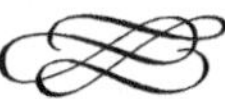

*Podrás correr y huir de muchos aspectos de tu vida,*
*pero nunca podrás huir de ti mismo.*
*La clave de la felicidad es comprender y aceptar quién eres.*

*— DALE ARCHER*

Tuve que dar muchos pasos después de aquel encuentro especial en la universidad con mi profesora. Y no es que la felicidad me haya llegado de la noche a la mañana, tal como lo he mencionado, tuve que superar dos décadas de abuso y traumas, hasta poder decir tajantemente el día de hoy que soy verdaderamente feliz. Me siento alegre, libre y ligera.

Y tú también puedes sentirte así.

Ya sea que hayas sufrido experiencias de abuso o no, lo más probable es que si has sentido la necesidad de leer este libro es porque existe algo en tu vida que se siente como una trampa, una jaula, algo que te haga sentir excluido de la posibilidad de ser feliz. La buena noticia es que la llave de esta jaula está dentro de ti y puedo ayudarte a encontrarla y a usarla.

## PASO 1: RECONOCE TU INFELICIDAD

*La felicidad es ver y reconocer todo en ti.*

Ignorar la infelicidad no hace que desaparezca, de hecho, ignorarla contribuye a que permanezca mucho más tiempo del deseado. Es como el invitado que causa problemas en la fiesta: si lo ignoras, ¡hará un desastre!

Tiendes a negar o esconder que eres infeliz porque te da vergüenza admitirlo ante los demás. Pero no te preocupes que no estás solo en esto, pues yo me avergoncé muchísimo cuando admití mi infelicidad ante los demás. Cuando niegas tu infelicidad, te dices a ti mismo que no importas ni vales la pena, y en realidad, eso es una forma de negligencia y abuso. Imagina ese pedazo de ti que se siente tan infeliz al quedarse solo en un armario, en la oscuridad. ¿Le harías eso a un niño pequeño? Entonces no te lo hagas a ti mismo. Cuando reconoces tu infelicidad, valoras tu experiencia y te valoras a ti mismo. Reconoces y dices: "oye, yo importo".

Esto abre un nuevo mundo de posibilidades para lo que puedas ser o hacer desde aquí y te ayuda a que empieces a construir un puente entre tu mente y cuerpo y, en vez de dejar esa parte infeliz en un armario, sales comprometido y dispuesto para un cambio y eso te prepara para el éxito.

## PASO 2: ELIGE LA FELICIDAD

*La felicidad se elige porque es lo más divertido.*

Cuando tenía poco más de 20 años, no tenía esperanza de que la vida mejorase, no tenía expectativa de que alguna vez podría ser feliz, pensaba que la felicidad era solo para los demás. Cuando me gradué de la universidad, sabía que no debía regresar a la casa donde crecí, sabía que regresar no era lo mejor para mí, pero aún no estaba plenamente segura de lo que quería hacer después.

Mi profesora universitaria me aconsejó y decidí mudarme a Arizona para trabajar en un refugio de jóvenes. Elegí estar en un entorno en el que sabía que podía ayudar y aportar. En ese refugio, trabajé en los Servicios de Protección Infantil para brindar refugio, educación y comidas a los niños que fueron sacados de hogares violentos. Y así ayudaba y aconsejaba a todos esos niños, quería que supieran que tenían seguridad, amor y cuido, quería que pudiesen recostar la cabeza sobre la almohada por la noche tranquilos, sin preocupaciones ni miedos.

Trabajar con estos niños me hizo feliz.

Yo me convertí en una aliada para ellos, y ellos para mí y a medida que me devolvía el amor y cuidado que nunca tuve cuando crecí, descubrí que podía tomar decisiones distintas. Todo ese dolor con el que viví durante tanto tiempo se desvanecía lentamente a medida que elegía hacer algo diferente. Por ejemplo, en lugar de intentar escapar y evadir bebiendo o inhalando estupefacientes, podía elegir actividades que me hacían sentir bien. Tomé decisiones basadas en lo que ahora quería ser y hacer, y no en las que había estado haciendo.

De hecho, ya podía elegir la felicidad.

Tú también tienes la opción y de la misma manera, puedes elegir la felicidad trayendo a tu vida algo que te agrade, que te sea divertido, que te ilumine y te haga sentir felicidad plena.

Y, ¿qué podría ser? ¿Un pasatiempo? ¿Ir al gimnasio? ¿Tomar una clase de baile? ¿Trabajar como voluntario? ¿Qué te dice tu mente que te trae felicidad? Podría ser algo que recuerdas que hiciste cuando eras niño, o algo que nunca habías hecho o imaginaste qué harías. Sea cual fuere, ello podría ser la puerta para tu felicidad. Así que elígelo, elige tu felicidad.

## PASO 3: SUELTA TU ADICCIÓN A LA INFELICIDAD

*La felicidad es permitirse la tranquilidad y desafortunadamente, la gran mayoría es adicto a la infelicidad.*

Se que suena extraño, ¿cómo alguien puede *elegir* su infidelidad?

Bueno, puede ser por muchos motivos:

- Te es familiar.
- Es una manera de llamar la atención.
- Es una manera de conectar (hablar y quejarse de lo que no funciona es una de las formas en que nuestra sociedad se relaciona).

Cuando algo no funciona, te invitan a tomar un café, te llevan de compras, o te sugieren un día de spa. Sin embargo, cuando las cosas van muy bien, los demás se envalentonan contigo y te preguntan qué droga estás usando. No te apoyan ni tampoco te invitan a salir. *De hecho, la gran mayoría no sabe cómo relacionarse con la alegría y el éxito de los demás.*

La infelicidad se ha convertido en un hábito y el pesimismo prevalece, nuestras vidas están acostumbradas a transitar por lo que no funciona. Pero ¿qué tal si sabes que no hay que sufrir para salir de la infelicidad?

Las adicciones son enfermedades y la felicidad es tranquilidad. Las personas con adicción al alcohol luchan por dejar el hábito y en última instancia necesitan ayuda, para realmente dejarla. De igual forma, la infelicidad también es una adicción y para liberarse de esa enfermedad, se debe dejar de pensar que se puede hacer por sí solo, debes estar dispuesto a recibir ayuda.

## PASO 4: OBTÉN AYUDA Y COMPARTE TU HISTORIA

*La felicidad es aceptarte como un gran regalo*

Intenté superar mis propios traumas e infelicidad por mi cuenta, pero eso no me llevó a ninguna parte. Me refugié en las bebidas y en las drogas para evadir por ratos, porque no podía soportar el dolor que llevaba dentro.

Finalmente logré admitir que necesitaba apoyo y así comencé a leer todos los libros de autoayuda que me conseguía. Me ayudaron en un principio con ideas sobre sanación y felicidad, pero aún no me eran suficientes.

Mi profesora en la universidad, a quien le estoy agradecida, me ofreció el apoyo necesario al darme un lugar seguro donde compartir mi historia, pues hasta entonces, todos mis secretos y preocupaciones yacían encerrados en mí, dejados a la deriva y al abandono.

¿CÓMO PUEDES EXPANDIRTE hacia la verdadera felicidad cuando tienes fragmentos de tu ser bloqueados y encerrados?

Para soltar la infelicidad y elegir tu felicidad, necesitas profundizar en la raíz de tus problemas y esto requiere la observación de situaciones, experiencias y relaciones de tu pasado, las cuales están impactando tu presente.

El peso de tu infelicidad desaparece cuando cuentas con los ojos y oídos de un profesional, ya sea un terapeuta, médico u otro practicante.Compartir tu historia de esta manera comienza a liberarte de la jaula de la infelicidad, cuando das este importante paso, pasas de la esclavitud a la libertad y de la limitación a la posibilidad. No puedes crear un nuevo presente y futuro hasta que enfrentes el pasado que te llevó a dónde estás ahora, necesitas compartir tu historia, aprender de ella y descubrir cómo puedes crear una nueva.

Una vez que consigas el apoyo de un asesor adecuado,

sentirás una profunda sensación de alivio al saber que ya no tendrás que luchar solo.

## PASO 5: APRENDE A ESCUCHARTE

*La felicidad es ir a la calma, escuchar, y hacer exactamente lo que te susurra.*

Puede parecer extraño que busques apoyo para luego decirte que te escuches, pero ambos aspectos están relacionados y son importantes. Trabajar con un terapeuta te ayuda a eliminar gran parte de tu "estática" interna para que puedas sintonizarte y escuchar tu propia guía interna. En última instancia, es tu guía interior la que realmente es la clave de tu felicidad.

Muchos cometen el error de pensar que serán felices cuando tengan el auto BMW®, o el trabajo corporativo exitoso, o el matrimonio con la "persona adecuada", o la casa ideal con la cerca blanca e hijos.

Pero he aquí la verdad...

Crear una vida basada en lo que crees que debes tener, o en lo que los demás tienen y tu debes tener también, eso es el billete a la infelicidad. Te incita a tomar decisiones de afuera hacia adentro, en lugar desde dentro hacia afuera.

Cuando te tomas el tiempo para sintonizar con tu voz interior y permitir que esa sabiduría guíe tus decisiones, comienzas a tomar decisiones diferentes y a crear una nueva relación contigo mismo basada en la confianza y el respeto. Todo ello contribuye en gran medida a cultivar tu felicidad misma y la de los demás que te rodean.

Podrías sentir miedo al intentar salir de tu caja deexpectativas y entrar al mundo de la felicidad, porque ese entorno está arraigado en tu mente con el letrero de "fracaso", que están asociadas con ciertas ideas del éxito. Aquí es donde debes eliminar una vez más estas exigencias externas y más bien exigirte a ti mismo, como lo explicamos en el tercer capítulo.

Lo más probable es que hayas pasado la mayor parte de tu vida escuchando las voces de los demás, por lo que puede que te lleve un tiempo sintonizarte y escuchar tu propia voz interior.

La siguiente es una práctica que puedes realizar diariamente para fortalecer tu capacidad de escuchar tu voz interior:

Pon un temporizador por (al menos) 5 minutos.

Hazte las siguientes preguntas:

*¿Qué es lo que quiero?*

*¿Qué tipo de experiencias estoy buscando?*

*¿Qué puedo hacer para llevarlas a cabo?*

Escucha y escribe las respuestas de cada una. (No intentes "descifrar" las respuestas, simplemente permítete escribir dejando que la conciencia fluya, sin editar ni detenerte).

Cuando escuchas y actúas según tu guía interior, estás viviendo de adentro hacia fuera y ese es tu boleto hacia la verdadera felicidad.

## PASO 6: LIMPIA LA MALA HIERBA Y PLANTA NUEVAS SEMILLAS

*La felicidad es permitirte plantar tu propio jardín.*

Si quieres ser feliz, debes estar dispuesto a cuestionar todo en tu vida, a cambiar cualquier cosa que no contribuya a tu elección de ser feliz. Ser feliz es un "trabajo interno". Sin embargo, las personas y/o situaciones que terodean aumentan o restan valor a tu felicidad.

¿Qué tan dispuesto estás en reconocer que algo que has estado haciendo durante "X" años ya no te sirve ni te satisface y cuántas veces evades cambiarlo?

No puedes ser feliz sin arrancar las malas hierbas que han obstruido tu vida, así que una vez que hayas reconocido que algo no te está funcionando:

*Agradécele por todo lo que te ha dado.*

*Suéltalo con amor, gratitud y sin conflictos.*

Ahora que has arrancado las malas hierbas y hay espacio para plantar nuevas semillas, te preguntas: "¿Qué me va a hacer feliz?"

Todos estos pasos te ayudarán a plantar nuevas semillas de felicidad. Y al igual que el jardinero que cuida sus plantas constantemente, tú también necesitas cultivar regularmente el jardín de tu vida, quitando la hierba y plantando y cuidando las nuevas semillas.

## PASO 7: DA RIENDA SUELTA A TU YO MÁS *COOL*

*La felicidad es saltar hacia lo desconocido y tener la certeza de que nos protegerá una red al caer.*

Al recorrer los pasos del 1 al 6, empiezas a crearte una vida más allá de tus puntos de referencia familiares anteriores, ya no hay limitaciones de lo que puedas ser o hacer, o sea, te conviertes en el creador de tus nuevas posibilidades. Y es aquí cuando "desatas tu ser *cool*" y brincas más fuerte hacia la felicidad que jamás creíste posible.

Pero aquí puede que se complique la cosa...

Es posible que comiences a dudar y te preguntes: "¿Realmente puedo tener o hacer todo esto?" (¿recuerdas el paso 3 y la adicción a la infelicidad?) O puede que te de miedo dar el salto.

*"¿Habrá alguna red al caer?*

*"¿Me caeré de bruces?"*

Cuando esto pasa, está en ti que vuelvas a elegir.

*"¿Elijo creer que el Universo está en mi contra o que me apoya?"* Creo en el aire aunque no pueda verlo; no es tangible y no puedo sostenerlo en mi mano, pero no puedo vivir sin él. De la misma manera, das el salto, sabiendo que el Universo te cubre las espaldas y aparecerá como una red protectora.

Cuando lo logres, serás catapultado en la vida de tus sueños y lassemillas que has plantado hasta ahora también florecerán en un mundo lleno de posibilidades para ti.

Ten en cuenta que no puedes dar este salto hasta que reconozcas que eres infeliz, que después elijas la felicidad, liberes tu adicción a la infelicidad, obtengas apoyo, escuches, limpies las hierbas y plantes nuevas semillas.

Y ahora si estarás listo para dar rienda suelta.

Al igual que el camino dorado, estos pasos son la receta genuina para lograr la felicidad.

Pero ahora la pregunta es, ¿estás dispuesto a elegirlo?

*Siempre recuerda que la felicidad es tu derecho absoluto y divino desde que naces.*

# ¿QUÉ SIGNIFICA VIVIR RADICALMENTE?

*"Nuestro temor más profundo no es que seamos diferentes, sino que somos poderosos más allá de cualquier medida. Es nuestra luz y no nuestra oscuridad, lo que más nos asusta. Nos preguntamos, ¿quién soy yo para destacarme, ser brillante, talentoso o fabuloso? Pero deberíamos preguntar ¿y quién eres para no poder serlo?"*

— *MARIANNE WILLIAMSON*

En este capítulo, permíteme profundizar un poco más sobre aspectos diferentes pero vitales de tu vida para descubrir tus limitaciones y ayudarte a convertirte en la versión radicalmente viva de ti mismo. Todos pasamos por problemas en la vida y, sin embargo, algunos de nosotros tenemos que sufrir más por causas y consecuencias de nuestros problemas. Sin embargo, lo que sería injusto para cualquiera de nosotros sería permanecer atrapado en la jaula invisible. Todos merecemos vivir radical y orgásmicamente en nuestras vidas financieras, personales y de parejas.

En los últimos nueve capítulos has leído y aprendido cómo puedes vivir radicalmente con tu propia mente, cuerpo y espíritu y en este último capítulo, caminaré contigo un poco más para ayudarte a lograr el éxito financiero, romántico y social, que sea fiel a tus gustos y necesidades.

Ahora bien, antes de continuar, me gustaría hacerte una pregunta: ¿Has estado viviendo con ciertas limitaciones y no te sientes lo suficientemente empoderado para cambiar?

Claro que todos queremos decir que no, pero cuando nos atamos a algo y siempre lo escuchamos, podríamos decir que sí. Hay algunos aspectos en los cuales aún encuentro limitaciones y no me siento capacitado para cambiar, especialmente si lo he visto y vivido durante décadas. Pero, existe una solución.

Por fortuna, aquí es donde entro yo, pues tengo el plan de que desaparezcan estas limitaciones, para que funcione para mí y para los demás. He desarrollado el Método ROAR, el cual utilizo diariamente conmigo y mis pacientes.

El Método ROAR tuvo sus orígenes cuando pasaba por una carretera al norte de California, donde me detuve a los 20 años después de experimentar una ruptura amistosa. Me di cuenta de que estaba de mal humor, y al principio lo atribuí a la ruptura, pero de pronto, me hice una serie de preguntas, que más tarde se convirtieron en el Método ROAR.

Este método consiste en hacer una serie de preguntas, cinco o seis, que te ayuden a identificar el desencadenante actual y conectarlo con el desencadenante original del pasado. Luego, haces el trabajo del pasado, arrancas la hierba y traes de vuelta la experiencia, formando nuevos hábitos y formas de ser.

Ahora, cuando estés lidiando con estas preguntas y buscando soluciones a los problemas de tu vida, puedes tener en mente el conocimiento que ahora compartiré contigo. Comencemos con las constricciones financieras y encontremos una ruta para vivir radicalmente.

## FINANCIERAMENTE VIVO

El primer paso para lograr tu libertad financiera es reconocer quepodrías estar en una jaula invisible de abuso que te aleja de las buenasoportunidades. Pero ¿qué es exactamente el abuso financiero?

Hay varias maneras de abordar este tema. Uno de los ejemplos más notorios es cuando estás involucrado en una relación, ya sea personal o de negocios, en un matrimonio o una empresa, donde eres socio, pero solo puedes acceder al dinero a través de la aprobación de otra persona; esta situación podría considerarse una especie de abuso financiero.

Otro escenario puede ser un matrimonio o pareja, donde una persona controla todos los asuntos financieros y la otra persona no tiene voz ni voto. También puede ser cuando participas en una organización religiosa o espiritual en la que se espera o te obligan a que des el diezmo y aquí la diferencia radica en que la contribución debería ser un asunto voluntario. Si te presionan, juzgan o tratan de manera diferente en función a tus contribuciones monetarias, es posible que estés experimentando abuso financiero.

He trabajado con personas involucradas en organizaciones profesionales, espirituales o religiosas enfrentadas al ostracismo o le han ofrecido privilegios según sus contribuciones monetarias, lo que crea una clara discrepancia y desventaja entre quienes dan y quienes no.

Reconocer abusos financieros es un proceso intuitivo, puedes darte cuenta si has visto o escuchado estas situaciones y deducir "yo he visto esto en otro lado". Abusos financieros también pueden ser cuando una persona se hace cargo de los asuntos financieros de una persona mayor, con un poder notarial o testamentos. Incluso puede manifestarse con disparidades en el lugar de trabajo, cuando, por ejemplo, un empleado masculino recibe un salario mucho más alto, a pesar de ocupar un mismo puesto. El abuso financiero adopta muchas formas y puede afectar a las personas de diversas maneras. Por consiguiente, si sospechas que has sido víctima de abuso financiero, es importante que confíes en tu instinto y reconozcas la violación en tu libertad financiera, ya sea por causa de un familiar, superior, maestro o líder religioso; estas situaciones te pueden quitar el control de tu dinero. Si no abordas estos problemas, permanecerás bajo sus influencias, repitiendo los mismos patrones y experiencias y esto se vuelve insostenible, pues las personas desean sanar rápidamente, pero cuando se resisten a reconocer algún tipo de abuso financiero, les cuesta admitirlo pues desafía su ego e imagen.

Cabe destacar que la prosperidad financiera es un derecho desde que naces y tu situación financiera no está relacionada con el color de tu piel, ni educación, ni ningún otro factor externo. El dinero es una energía a la que puedes acceder y atraer y las barreras para la prosperidad son las creencias limitantes y las percepciones negativas que se derivan de experiencias pasadas de abuso financiero.

Para vivir radicalmente, primero debes conquistar y frenar tu vieja mentalidad. He aquí la verdadera creencia sobre el dinero y las finanzas: *te mereces todo lo que te permites tener y todo lo que deseas.* No importa cuál sea tu origen, el dinero es una energía que todos podemos aprovechar, pero que, debido a nuestros sistemas de creencias, moldeados por experiencias pasadas de abuso y negligencia, nos detienen. Tu valor financiero no tiene ninguna relación con tu autoestima, ya sea por género, educación o cualquier otrofactor, tienes el potencial de lograr lo que desees si puedes liberarte de las cadenas de abusos y abrazar y darle la bienvenida a tu prosperidad financiera. No sigas permitiendo que el abuso del pasado dicte tu futuro financiero, más bien, enfréntate a la realidad y desecha ese equipaje que no te pertenece y comienza tu viaje hacia la libertad financiera. Con honestidad y consciencia, puedes comenzar a manifestar la riqueza y seguridad que realmente mereces.

Ahora que tienes una mentalidad clara, te comparto cinco pasos para deshacerte de las constricciones financieras. Puede que no te guste el primero, pero es esencial. Empieza por escribir en un diario lo que odias del dinero, haz una lista de 10 a 15 cosas que no te gustan, ya sea la lucha, conflictos, facturas, los cargos por intereses o cualquier otro aspecto que te resulte difícil. En segundo lugar, escribe todo lo que te gusta del dinero, como la libertad, las opciones y las oportunidades que te ofrece, sin centrarte en marcas específicas.

Cuando termines la lista, continúa con el paso tres. Imagina una vida en la que ya no tengas problemas de dinero, piensa en lo que elegirías y tendrías si tuvieras todo el dinero que siempre has deseado, y ya no tengas que preocuparte por ello. Este paso puede representar un desafío para muchos porque se encuentran atrapados en el ciclo de amor-odio con el dinero.

El cuarto paso consiste en describir cómo se sentiría tener todo el dinero que siempre requeriste sin necesidad de tenerlo otra vez. ¿Cómocambiaría tu comportamiento? ¿Te sentirías más confiado y con más tranquilidad, sonreirías más y te expresarías de manera diferente? ¿Cómo te verías? ¿Cambiaría tu ropa? Piensa en dónde vivirías y cómo.

El quinto paso consiste en pensar lo que te gustaría devolver al mundo si tuvieras más dinero del que necesitas. ¿Qué tipo decontribuciones, organizaciones benéficas o iniciativas apoyarías? Por ejemplo, agua potable para países necesitados, financiamiento para educación, creación de organizaciones sin fines de lucro o proyectos. Escribetodos tus sueños y aspiraciones.

El proceso de poner todos estos pensamientos por escrito es transformador, trae la energía de tus deseos a la realidad, ofreciéndote opciones y posibilidades que ya conoces. Siempre recuerda, es crucial dar el primer paso, cambiar un grado, desde tu situación actual en función de lo que has escrito. Muchas personas tienden a quedarse atascadas en la mentalidad del "no tengo", pero cumpliendo estos cinco pasos pueden ayudar a liberarte. Abraza el Cambio de Un Grado™ y comienza tu camino para hacer posible lo que alguna vez pensaste que era imposible.

## VIVIENDO ROMÁNTICAMENTE

A menudo encontrarás conflictos en las relaciones que surgen desde varios escenarios, y se sabe que no era tu intención causarlos. Es un patrón recurrente en el que te preguntas: "¿Es esto lo que quise decir?" y eso es una señal de que algo más grave está pasando.

Por ejemplo, en mi propio caso, hubo un momento que me di cuenta de que los conflictos surgían en varios aspectos de mi vida, pero yo me veía como la única causante. Era obvio que estaba atrapada en una jaula de relaciones, donde mis intentos de comunicarme o conectarme permanecían en modo de resistencia y lucha. Es esa sensación de que no importa hacia dónde vayas, igual siempre terminas con las tablas en la cabeza. Esto es muy común en las relaciones individualistas e identificar este tipo de relación te puede afectar, pero son muy fáciles de detectar. Después de terminar una relación de este tipo, es típico que te preguntes: "¿Cómo pude soportar durante tanto tiempo o cómo me pudo pasar a mí?" Y la verdad es que no debes sentirte culpable por ello. El problema es que a la mayoría no se nos enseñó o mostró cómo entablar una relación de apoyo y mutuo acuerdo, transparente y recíproca.

De hecho, si buscas la definición de "relación" en el diccionario, encontrarás que se define como la *distancia entre dos objetos*. Muchas personas manejan sus relaciones de acuerdo con esta interpretación, que a menudo conduce a dinámicas individualistas, al menos después de los primeros tres a seis meses de relación.

Una relación individualista se caracteriza por el desequilibrio en dar y recibir, descubres que todo lo que pides sigue sin cumplirse o, lo que es peor, te enfrentas a prejuicios, críticas y a la sensación de estar "pidiendo demasiado". En esas relaciones, tus necesidades son desestimadas y llegas a sentirte atrapado. En las relaciones individualistas, la otra persona te manipula y te hace dudar de tu propia realidad, intenta minimizarte, y se preocupa solo de sus asuntos y sus problemas. Este es un enfoque narcisista, pues a ti te toca hacer todo el trabajo pesado en pro del bienestar de la pareja, mientras que ellos simplemente no toman parte y no se involucran, es decir, reciben sin dar.

Ahora bien, no esperes por la otra persona para cambiar, es importante que establezcas tus límites, comunicar tus necesidades y aclarar los puntos que no son negociables. Establecer estos límites es lo que logrará que tu pareja se dé cuenta de la situación real, lo que impulsa y obliga a hacer los cambios necesarios. La clave no es criticar ni señalar con el dedo, sino tomar poder y elegir lo que se alinee con tu felicidad y bienestar. En última instancia, no se trata de quedarse o irse; se trata de encontrar armonía y equilibrio mutuo en la relación. Si no hay alegría y gozo, no se comparte verdaderamente, entonces es momento de reevaluar la relación. Recuerda, no puedes cambiar ni elegir por otra persona, solo puedes elegir y cambiar por ti mismo, por tu propio bien. Tú eres responsable de crear y dirigir tu vida, ya sea que eso signifique separarse o avanzar juntos, se trata de tu felicidad, bienestar y búsqueda de tu máximo potencial. No se trata de estar en lo correcto o incorrecto, se trata de si eres feliz, te sientes bien y vives a la altura de tu máximo potencial.

Las relaciones son como un baile, y es vital reconocer que cada persona vaya al ritmo adecuado. A algunos les cuesta lograr armonía en un tipo de relación, lo que funciona para ti no puede funcionar para tu pareja o viceversa y he aquí donde comienza el ritmo de las relaciones.

La clave para sobrellevar una relación radica en ser abierto, aceptar y sentir curiosidad por la otra persona con la que has elegido conectarte. Cuando te enfrentes a diferencias o desafíos, resiste la tentación de reaccionar con frustración o prejuicio y en su lugar, acércate con curiosidad. Por ejemplo, en lugar de enojarte por algo, haz preguntas y trata de entender la perspectiva de la otra persona. Entablar un diálogo y estar genuinamente interesado en su perspectiva, puede transformar un problema en una oportunidad para lograr una mayor conexión.

Es importante reconocer que no todas las relaciones son fáciles y, a veces, inconscientemente, tiendes a repetir e imitar los patrones de conducta de tu familia. La forma en que tus padres interactuaban pudo dejar una huella en tu propio enfoque de las relaciones. Sé consciente de estos patrones y trata de cultivar la curiosidad, aceptación y tolerancia para construir una conexión más armoniosa y satisfactoria. Recuerda que la actitud a la defensiva puede crear distanciamiento y obstaculizar la intimidad en una relación. Intenta ser más curioso y tolerante, en lugar de enfrascarte en los problemas, prioriza explorar nuevas posibilidades con tu pareja.

Si estás buscando una relación más agradable y satisfactoria o te preguntas cómo inyectarle más diversión a tu relación, a continuacióncomparto cinco sugerencias, que si no te funcionan del todo, también puedes ser creativo y crear tus propias:

*Uno:* Elige una actividad que les proporcione disfrute y bienestar a ambos, algo que les despierte emoción, ya sea ver una película, asistir a un evento o simplemente disfrutar de unas palomitas de maíz. El idioma o elformato no importan, la clave es disfrutar del tiempo que pasan juntos.

*Dos:* Encuentren algo que valga la pena celebrar en pareja, podría ser pasar tiempo con amigos, salir a una cena elegante o vestirse para una ocasión especial y expresar gratitud el uno por el otro. Crear esa conexión puede ser una experiencia muy enriquecedora.

*Tres:* Juega con el cambio de roles; cada uno puede elegir una actividad que el otro no haya elegido inicialmente, esto te anima a explorar los intereses de tu pareja y a ampliar tus propios horizontes. Tal vez no repitan cada una de las actividades, pero al menos ayudará a que se conozcan más aún.

*Cuatro:* Intenten aprender algo nuevo juntos, descubre lo que le entusiasma a tu pareja y comparte también tus pasiones. Participar en nuevas experiencias o aventuras juntos los puede unir más aún.

*Cinco:* Dedica tiempo a tu disfrute personal y anima a tu pareja a que haga lo mismo. A veces, el cuidado personal y atención a los intereses personales pueden agregar una dinámica refrescante a la relación. Planifica de manera espontánea un viaje o participa en actividades diversas para que cambies tu rutina.

Estos pasos te inducirán a la variedad y vitalidad en tu relación, para que puedan disfrutar de los momentos y continúen creciendo juntos en una relación ideal en la que puedan vivir orgásmica y radicalmente.


## LEVÁNTATE Y RUGE (ROAR)

Finalmente, diría que vivir radicalmente en estos tiempos significa levantarse y rugir, revelar el verdadero yo que siempre ha existido dentro de ti, listo para liberarse y participar en esta realidad. Cuando das rienda suelta a tu auténtico yo, irradias autenticidad, pasión, vitalidad y un nuevo estilo de poder feroz. Es como descubrir un superpoder, una potencia increíble que alimenta tu energía y vibra con la frecuencia del 'estoy listo, aquí vamos'.

A pesar de que experimentaste batallas, traumas y dramas

del pasado, ya es hora de levantarse y rugir, haciendo todo de forma diferente, dejando a un lado como lo hacías antes. Lo que funcionaba en el pasado ya no importa porque no funciona en el ahora, y tampoco dio los resultados que esperabas, así que levántate y RUGE, encarna al "ahora" donde no existe espacio para la espera, se trata de tomar acciones que traigan alegría y contribuyan a un mundo mejor, con esperanza. Ya no hay espacio para la mediocridad, ya no hay que conformarse con la rutina de la semana laboral de 40 horas, sino que va más allá de tus límites, confiar en ti mismo como nunca y tener fe en tu capacidad de crear algo extraordinario. Se trata de ir por más, de participar en un *Super Bowl,* o en la *Serie Mundial* de béisbol o cualquier otro evento grandioso, se trata de dar lo mejor de sí al mundo y sentirse victorioso. No se trata solo de hacer o dar, sino también de recibir, el universo te bendice continuamente en todos los aspectos de tu vida personal, en tus relaciones, en lo profesional y también contribuyendo con tu bienestar y energía, ya sea creando y diseñando el espacio que necesitas, recibiendo lo que anhelas, todo lo hace tácito y sin esfuerzo, inclusive cuando surgen conflictos o desafíos, ya no te pesan ni te cuestan como antes, porque ya has adquirido el entrenamiento y una comprensión más profunda de que realmente puedes hacer cambios cuando sea necesario.

La esencia de *Levántate y RUGE* es saber que puedes rugir tal cual, y que lo que está preparado y destinado para ti en el camino, sin duda te llegará. Si te resuenan estas palabras y todo este conocimiento, los invito a hacer este viaje para *Levantarnos y Rugir juntos.*

# EPÍLOGO

*Permítete confiar en la alegría y abrazarla. Descubrirás que estarás siempre en su sintonía.*

— *RALPH WALDO EMERSON*

Puede ser que algunas de las ideas que has leído en este libro te parezcan algo radicales. Cuando has estado viviendo de forma limitada, controlando y rebotando tu energía, confinado dentro de un círculo vicioso, en la jaula invisible del abuso, es probable que todo te parezca algo fantasioso y tal vez esté fuera de la escala de tu imaginación, eso de hacer las cosas completamente diferente, de vivir una realidad radicalmente orgásmica, o, como a mí me gusta decirlo, ¡para vivir tu RUGIDO! (Live your ROAR por sus siglas en inglés).

La verdad es que lo que he presentado aquí es tan solo *el comienzo*, en realidad, es para que te pongas en marcha para tu experiencia de *Vivir radicalmente*, que es algo así como *"Creando después del abuso", que* se encuentra en la primera fase del entrenamiento.

Aun así, y como prometí al principio, las herramientas (conceptos, consejos y pasos) que he presentado aquí te guiarán a deshacerte de las resistencias que te han atado a una experiencia de vida limitada y miserable.

Las resistencias se presentan de muchas maneras, y la mayoría parecen "reales" y creíbles, pues pareciera que no cuenta con el dinero suficiente, tiempo, energía, conocimiento ni habilidad para hacer lo que quieres. Pero estas no son razones ni justificaciones válidas, pues nos las *creamos* y todas surgen de la idea de que "algo anda mal".

Si hay algo importante que destacar sobre las resistencias, es que siempre va a existir *algo que* se interpone entre tú y lo que quieras lograr. Sin embargo, al final del día, todas estas creaciones, excusas disfrazadas, están diseñadas para un solo propósito: evitar que te aventures más allá de lo que conoces y percibas como seguro. Cuando miras más de cerca, esta *seguridad* se vuelve un término relativo, un objetivo en movimiento, definido por un contexto que creaste algún tiempo atrás con el fin de protegerte. Sin embargo, cuando vives en una jaula invisible de abuso creada a partir de un pasadoabusivo, ¿qué es lo que es realmente seguro?

Así que, la próxima vez que encuentres y sientas *resistencia* o miedo de enfrentarte a algo, o sientas que lo has intentado todo y nada funciona, aquí tienes algunas preguntas que debes hacerte:

*Si supiese que todo este flagelo me está deteniendo, ¿estaría dispuesto a soltarlo? ¿Estoy dispuesto a dejar de lado mis prejuicios y justificaciones? ¿Estoy dispuesto a cambiar 'x' por 'y'?*

Para concluir, la verdadera seguridad solo se puede experimentar a través de la expansión y la consciencia, a través de tu propia consciencia en el presente. Viene de aprender a reconocer y escuchar los susurros de tu consciencia, confiando en lo que escuchas y actuando en consecuencia en cada instante.

Es elegir la felicidad y dejar que esa sea tu guía.

Es expandirse en el alivio, la ligereza, la alegría y el disfrute de que todo es posible cuando eliges por ti.

Y, en última instancia, es aprender a vivir con amabilidad...

Por los demás, por el planeta y, sobre todo... Por *ti*.

# SOBRE EL AUTOR

La Dra. Lisa Cooney es una reconocida líder en el área de la transformación personal y una respetable autoridad en el tema de la prosperidad desde el trauma hacia la belleza y el bienestar. Terapeuta matrimonial y familiar, PhD., Master Theta Healer y facilitadora certificada. Es la creadora del movimiento Live Your ROAR! (por sus siglas en inglés) *Vive tu RUGIDO ¡Sé tú! ¡Más allá de todo! ¡Crea magia!* El trabajo de la Dra. Lisa ha permitido a miles de personas cruzar el puente desde el abuso sexual infantil y otras formas de abuso hacia la teoría de *"vivir radical y orgásmicamente (ROAR).*

Su trabajo se centra en conceptos que utilizó para curarse a sí misma, no solo de sus experiencias de abuso en su infancia, sino también de una enfermedad terrible que padeció. Estos principios esenciales, queincluyen los *4 C* pilares: elegir por ti, comprometerse, colaborar yreconocer que el universo conspira para bendecirte y crear la vida que anhelas, son los cuatro pilares para una transformación profunda y duradera.

Además de sus propias contribuciones "reveladoras" a la ciencia de la sabiduría transformadora, también usa las modalidades creativas y energéticas, para así facilitar que otros se muevan más allá de los obstáculos y se dirijan hacia un lugar donde habite su propio conocimiento, ese espacio donde tendrán acceso directo a la consciencia proveniente de la huella de sus almas.

Conocida por su premisa "*¡Lo estoy logrando!... ¡Pase lo que pase!*", la Dra. Lisa te guía desde el alma y habla a través del corazón, y no permite que ninguna parte del alma se quede atrás, para así devolverla a la plenitud. Es posible vivir radicalmente, más allá del abuso.

**Sé grande…**